相信香港

莊紫祥時政評論集

莊紫祥 著

目 錄

序

　　自回歸之日起，香港便納入國家治理體系，成爲國家發展格局的一部分。只要堅守「一國」之本，善用「兩制」之利，充分利用祖國廣闊市場，把握祖國經濟高速發展的機遇，積極參與國家發展戰略，搭乘國家發展的快車，香港的繁榮發展之路一定會越走越寬廣。可惜的是，香港回歸近24年來，紛爭不斷，內耗加劇；反對派製造矛盾對立、「港獨」分子猖獗、政府施政舉步維艱。隨着政治生態惡化、社會和諧受損，香港經濟民生受到了嚴重的影響，「一國兩制」實踐遇到了嚴峻的挑戰。

　　「一國兩制」行穩致遠、香港保持繁榮穩定，有賴社會各界人士議政發聲，支持特區政府依法施政。而社會人士中爲數眾多的政協委員，大都是社團或商企領袖，也是各行各業中的精英。香港的政協委員發聲，能夠較好把握國家與香港關係，確保「一國兩制」方針可以得到全面準確落實。莊紫祥博士，是優秀年輕政協委員中勤於發聲的佼佼者。

身爲哈爾濱市政協委員、大灣區金融科技促進總會創會會長的莊紫祥博士，懷揣對祖國未來的堅定信心以及爲同胞奉獻的理想信念，在香港回歸前夕，毅然決然從英國回到他深愛的香江。經過十幾年的專注打拚，他成功打造了一個令人矚目的金融科技和支付王國。作爲人民政協事業的一員，他參政議政履職盡責，爲國家爲香港爲家鄉無私奉獻，展現了一個優秀企業家的家國情懷。作爲熱衷於大灣區發展的踐行者，他凝聚一眾金融、科技界菁英，積極參與、推動大灣區金融科技發展，爲青年發展提供更大舞台。

事業上的成功，賦予莊博士更大的責任與力量。他不忘初心，時刻心懷家國，關注時事，經常在報刊上發聲，解讀政策，探討問題，針砭時弊，傳遞正能量，服務香港社會。近幾年，隨着社會紛爭越多，他直抒胸懷發聲也越勤，僅在香港《文匯報》已發表了逾百篇評論，爲推動「一國兩制」行穩致遠，發揮了重要作用。在揮別艱難的2020年，迎接漸露曙光的2021新一年之際，莊博士決定將這些文章結集成書，出版《相信香港》時政評論集，再次表達自己對香港、對國家的拳拳之心。

文行彰正氣，筆落揚清風。莊博士在《相信香港》收錄的百篇文章，從政協委員的身份、金融專業的角度出發，透過對香港時局、經濟民生、文化教育、青年發展、金融科技、灣區機遇、愛國情懷、國際博弈等方方面面的梳理點評，激濁揚清，正本清源，見解獨到，期爲香港在當今大變局中尋找新出路竭盡己力。

細閱書中內容，可見作者思路清晰、理據充分，是非分明。「香港應大力弘揚愛國主義精神」，開章明義點出了愛國是本分，香港全社會應大力弘揚愛國主義精神，使之轉化爲把香港建設成爲「一國兩制」的典範，成爲實現中華民族偉大復興的強大力量；「逐夢粵港澳大灣區　港青大有作爲」，鼓勵創業者把握粵港澳大灣區帶來的機遇，在這片創新創業的沃土上，開啓事業、生活的新篇章；「把握『十四五』機遇　實現香港再次騰飛」，呼籲香港人應該改變觀念，放下身段，奮力搭上國家發展快車；「強烈譴責美國干涉中國內政霸凌行徑」，道出了港人合力維護國家主權安全發展利益的決心；「祖國是港戰勝一切風險的最強後盾」，明言因國家始終與香港風雨同路，才能不斷戰勝各種困難和挑戰，繼續走在世界發展的前列；「港

深優勢互補　耀眼雙星攜手共進」，深信香港積極融入國家發展大局，同時加緊與深圳的聯繫合作，必能比翼雙飛。每一篇文章的背後，都蘊含了莊博士愛香港、愛國家的信念，這也是他始終「相信香港」一定會走出陰霾，重新再出發的信心所在。

《相信香港》，既是莊紫祥博士個人的心血結晶，也是愛國愛港群體的論政碩果。當前，在中央大力支持下，特區政府和社會各界正致力於揮別疫情，恢復營商環境、復甦經濟、改善民生。此書的出版，必將給香港探索發展新方向、尋找發展新動力、開拓發展新空間，帶來新的啓迪和討論。期望《相信香港》發揮更大更廣泛的傳揚正義作用，獻力香港社會重新凝聚正氣正義，香港早日重啓征程，再創輝煌！

全國政協委員

香港大公文匯傳媒集團董事長

姜在忠

2021年4月

自 序

　　很感恩也很激動，《相信香港》時政評論集終於誕生面世了！對一個業餘作者來說，這本政論集當然說不上專業鉅著，但內裏的一字一句，皆是我的肺腑之言，飽含着我對香港的愛。

　　與這個小島結緣42載，一直珍之重之，眼見她近年蒙塵受困，我感到非常心痛，但出於相信獅子山下的堅毅精神，相信「一國兩制」的獨特優勢，相信祖國後盾的強大支持，對她的前景和未來，我始終是充滿希望、期許與信心的。

　　我出生於福建省晉江市青陽，父母均為資深教師，1978年隨父母移居香港，其後赴英留學。1997年6月21日，基於國與家的情懷，我從英國回到香港，當走出機艙站在香港的土地上，仰望天空深深地吸了一口氣，想到再過10天，就可以見證香港回到祖國的懷抱，我的心怦怦直跳。眼見當年英國旗降下來，我們祖國的旗升上去；人民解放軍進駐香港，英國軍隊退出。這一升一降、一進一出的偉大歷史時刻終生難忘。

　　創業前後，我早已許下承諾務必要為國家、為香港做點事；很感恩早年在任職會計師的專業工作經歷上，培養了我對事物的判斷能力、與人溝通和對人員的管理能力；培養了在短時間內把很複雜的事情串通起來，並

用語言給出解決方案的能力。及至2000年，我加入了一家非牟利慈善機構，這段經歷賦予我更大的責任與力量，把「窮則獨善其身，達則兼濟天下」的傳統文化進行到底，培養了我的謙虛、用心、潛心、引路、引夢，還培養了懂說、會說，懂做、會做的能力，這些能力我受益終生。

香港人不能忘記，2019年出現的那些戴面具的黑衣暴徒焚燒店舖、破壞地鐵站、燒毀交通燈、毆打不同政見的市民，這些嚴重損害香港民主運動的正當性。讓大部分香港人最難以苟同的是「港獨」勢力借此冒起。

整整一年多的社會暴力問題，眼見年輕人被蒙騙，家庭撕裂，我憂心如焚、徹夜難眠；期間，我多次親身走近社區與不同政見的年輕人促膝相談，了解他們的所思所想所求，並有針對性地幫助引導，讓他們有家國情懷，在大是大非面前作出正確的判斷，不要輕易被別有用心的人蠱惑和利用。

祖國後盾，偉岸如山。每一次香港遭遇困難，中央政府和祖國內地總是義不容辭地「出手相挺」，香港國安法去年出台後，香港政治規則塵埃落定，不再糾纏於街頭暴力，也不再被勇武派嚇倒，而是在一種文明的現代政治中，發展議會政治與社會進步的正面互動，推動香港前進。

國家安全底線築得越牢，香港發揮「兩制」優勢的空間就越大，就越能充分把握國家發展歷史機遇，就越有走出困境再創輝煌的底氣。正如中聯辦主任駱惠寧所言：「撫今追昔，國安則家太平，國強則家興旺，這是一代代

香港同胞的親身經歷，也是獅子山下關於家國關係最為深刻的記憶。」

香港是我家，我在這裏成長、打拚，深深愛着她。時下，香港面臨西方個別國家施壓、新冠疫情升級等多重挑戰，正是省思「一國兩制」初心、凝聚港人共識、深化與內地命運共同之機。我經常強調：「國家興旺，我有責任！我會盡最大的努力傳播正能量，希望為更多努力進取、奮鬥拚搏的青年搭台搭梯，幫助他們成就人生夢想，為家鄉、為國家做出更大的貢獻！」

回歸近24年間，香港在中央政府和內地各界的全力支持下，成功應對亞洲金融危機和國際金融危機。事實證明，祖國是香港抵禦風浪、戰勝挑戰的最大底氣所在。正是在中央政府的全力支援下，香港不斷戰勝發展道路上的種種困難和挑戰，取得了舉世矚目的成就。我體會到國家對香港青年的深深期許和殷殷關切始終如一。運用粵港澳重大合作平台，吸引更多港澳青少年來內地學習、就業、生活，促進粵港澳青年廣泛交往、全面交流、深度交融，增強對祖國的向心力的設定，這充分表明了國家對香港青年發展的高度重視，及對香港青年發自內心的關心關懷。

時間不等人，機遇不等人。對香港青年而言，大灣區提供的機會與可能性，遠多於一個香港，更勝於異國他鄉。香港青年在粵港澳大灣區發展有着不可替代的競爭優勢，他們具有寬廣的國際視野，通曉中西文化與中英兩文三語，可以更好推動灣區與國際市場實現更高程度接軌，能成為大灣區聯結世界的「超級聯繫人」。基於金融科技是典型的知識密集型領

域，青年將是金融科技發展的棟樑之才；我於2018年12月，牽頭成立了大灣區金融科技促進總會，凝聚大灣區一眾金融、科技界菁英，積極參與、推動大灣區金融科技發展。期間，我積極舉辦「千萬求一路」活動，爲解決青年面對的問題、尋回昔日香港美好建言獻策。

世界在變，國家在變，香港也在變。近年香港社會出現混亂，我認爲香港部分年輕人的痛感根源之一，在於對國家憲法、香港基本法認識不足，於是憑着慣性關注政治經濟、社會文化熱點。自2017年起，我不斷在香港《文匯報》發表評論文章，宣傳憲法、基本法的作用之餘，亦抱持大鳴大放的審視精神，評析香港本地事件及論述涉及國際大事以及兩岸四地的新聞。先後發表過的文章包括《強烈譴責美國干涉中國內政霸凌行徑》《落實強制全民檢測 讓香港早日復常》《戰勝疫情恢復通關重踏經濟復甦之路》《大灣區金融創新 香港大有可爲》《推遲立法會選舉合理合法合民意》《緊抓灣區機遇搭建港青舞台》《深圳特區40年成功經驗值得香港借鑒》《青年辨清是非 珍惜把握前途》《有效止暴制亂重回發展正軌》等等，迄今已經在兩報累積刊登文章百餘篇。我十分慶幸所持的分析觀點，均獲得社會各界的支持和肯定。我相信深愛吾家之有心人都能建言獻策，爲困境中的香港找出路，尋回美麗香港。在此非常感謝香港大公文匯傳媒集團將我的文章輯印成書，期藉《相信香港》的出版，與社會各界分享交流，共同爲香港更快走出困局奉獻良策。

莊紫祥

2021年4月

特首之位有擔當有能力者居之

刊登於香港《文匯報》2017年2月21日

　　距離特首選舉提名截止不到兩周，選舉氣氛日漸濃厚。各位參選人陸續公佈政綱，競選工程如火如荼展開。特首選舉「選人品、選能力、選理念」，作為工商界人士，本人想談談對下任特首的期望。

　　中央提出「愛國愛港、有管治能力、中央信任、港人支持」的四標準，是特首的最重要前提。參選人林鄭月娥無疑是最適合的人選。與中央保持良好關係，這是「一國兩制」成功實踐、保持香港繁榮穩定的基石。林鄭自2007年加入問責團隊以來，特別是在擔任政務司司長之後，在包括政改等多項議題上，都能與中央保持良好溝通，同時兼顧香港利益。若林鄭成功當選，中央的信任，將是特區管治團隊的寶貴財富。

　　特首要對中央及香港700萬人負責，工作更加複雜，需要兼顧社會各界利益和公平公正原則。因此，在選擇特首的時候，我們最重視的特質是有擔當。我們需要的是一位為國家、為香港奮鬥的「政治家」，而不是投機取巧的「政客」。

　　要考察一名候選人有擔當，需要考察三個因素：過往履歷、參選原因，以及政綱理念。林鄭加入政府30多年，歷任副庫務司、社會福利署署長、房屋及規劃地政局常任秘書長、民政事務局常任秘書長、發展局局長、政務司司長等職務，具有豐富的管治經驗，更因擅長處理棘手問題，贏得「好打得」的稱號。

　　林鄭原本計劃在2012年退休，後來出於需要，改變初衷出任政務

司司長。今年初，在特首梁振英宣佈不競逐連任的情況下，林鄭再次決定爭取再為香港市民服務。這份勇氣、擔當和為香港服務的精神，讓人欽佩！

在政綱方面，林鄭或許不是「最大膽」、「最討好」的那一位，但30年積累「言出必行」的口碑，堅守原則的做人準則，更讓我們有理由相信，林鄭若成功當選，會盡最大努力兌現競選承諾。

要突破香港面臨的矛盾和困難，歸根究底還是要靠發展。全國人大常委會委員長張德江曾指出，謀發展是香港的首務，唯有推動香港不斷發展，方能為市民提供向上流動的機會，從根本上解決香港的深層次矛盾。

林鄭在競選分享大會上提出對「政府新角色」的定位，未來政府不僅要做好公共服務提供者、監管者，應更努力成為促進者及推動者，為百業拆牆鬆綁，利便營商。在她公佈的政綱中，也表示將適度調整稅制，減輕中小企業的稅務負擔，同時，為推動創新科技企業研發，提供額外稅務扣減，鼓勵創新發展。

對於商界來說，這是積極信號，反映林鄭充分認同和相信商界在香港經濟發展中發揮的作用，在香港發展中扮演重要角色。

香港要保持長期繁榮穩定，與內地保持更緊密合作至關重要。我們堅信林鄭月娥有能力、有擔當、敢負責，一定能帶領香港，發展經濟，改善民生，造福港人。

對未來充滿信心 共建美好明天

刊登於香港《文匯報》2017年4月3日

特首選戰終於在3月26日決出勝負，林鄭月娥脫穎而出，以777票高票當選第五任香港特別行政區行政長官。這一結果既是預料之中，更符合廣大香港市民的期望，符合中央對特首的四標準，眾望所歸。中央也在日前正式任命林鄭月娥為下任行政長官，在七月一日就任。

林鄭月娥自2007年加入問責團隊後，特別是在擔任政務司司長以來，在包括政改等多項議題上，都能與中央保持良好溝通，並同時兼顧香港利益。她長達36年的公務員生涯，歷任副庫務司、社會福利署署長、房屋及規劃地政局常任秘書長、民政事務局常任秘書長、發展局局長、政務司司長等職務，積累了豐富的管治經驗。

在勝選後，林鄭表示：「我的首要工作就是去修補撕裂和解開鬱結，團結大家向前。我會用具體的工作和扎實的政績去答謝支持我的人，以及贏取未曾支持我的人的認同。」我相信，未來她會繼續貫徹自己「言出必行」的工作作風，踏踏實實為市民做實事，傾聽不同聲音，團結市民、公務員團隊及各方面人士，彌補社會裂痕。近日，林鄭月娥也是全面聽取各界意見，致力把其政綱更加完善和充實，在為未來正式上任作準備。她提出的首置上車盤，更得到廣大市民的支持，期待這個構想能夠早日實現，讓更多的市民圓置業夢，實現社會和諧和共同進步。

作為香港工商界一員，我對林鄭月娥未來五年將帶領香港特別行政區在各方面取得新的、更大的進步充滿信心，亦希望全港市民全力支持林鄭，團結向前，共同建設一個更加美好的香港。

香港應更好抓住「一帶一路」機遇

刊登於香港《文匯報》2017年5月9日

為了促進世界經濟的復甦，國家主席習近平2013年提出「一帶一路」倡議，舉世矚目，共商、共建、共享，為「一帶一路」注入了空前的活力，必將促進沿線各國經濟發展。可以預期，隨着「一帶一路」建設的深入推進，合作碩果將遍佈沿線，響應者將遍佈全球。

「一帶一路」國際合作高峰論壇將於5月14日至15日在北京舉行，相信將進一步掀起世界的關注。香港應更好抓住「一帶一路」的機遇，爭取在國家「一帶一路」戰略中，發揮積極的作用，扮演重要的角色，不能只是口頭說，而要實際去落實。例如：鼓勵參與「一帶一路」的企業，在港進行公開招股和上市後再集資，及以不同形式融資發債、貸款等；力促香港作為「一帶一路」相關的國際離岸人民幣服務中心，在有序和風險可控的前提下，推動人民幣國際化進程；香港為亞洲最具規模的資產管理樞紐之一，有充分條件吸引「一帶一路」帶來的財富及風險管理服務需求，提供國際資產管理、風險管理及跨國企業財務中心等專業服務；香港是「一帶一路」東亞樞紐中心，世界聯繫最佳的國際貿易中心，具備與國際接軌的法律制度、市場規則等，能發揮貿易中心功能作用；「一帶一路」涉及複雜的地區和多邊協作以及國際性的產業鏈管理，需國際化專業服務，香港有這方面的優勢，可發揮全球運作中心作用；香港擁有優越的國際法律及解決服務中心，可為推進「一帶一路」提供所需的高端國際法律解決爭議服務；香港國際航運中心，完全有條件擔當「一帶一路」航運服務中心的功能；香港可以發揮各種專業等人才聚焦的優勢，為「一帶

一路」進行人才培訓和人文交流。

　　「一帶一路」建設令香港從內地與世界經濟連接的窗口角色轉變為「超級聯繫人」角色，許多特色的服務模式，可跟國家一起「走出去」，發揮更大的作用。香港是「一帶一路」建設中的重要節點，希望全社會凝聚共識，並更加積極主動參與到國家發展戰略中來，實現香港經濟新騰飛。

香港青少年要有擔當

刊登於香港《文匯報》2017年6月16日

中聯辦主任張曉明月初在一個慶回歸青年活動致辭時表示，香港回歸前後出生的一代年輕人，即將擔負起在「一國兩制」下投身管理和建設香港的使命，任重而道遠。這番話，點出了香港年輕一代的責任與使命。本人認為，香港的青少年要想做到這一點，一定要有擔當。有擔當，才能承起香港的未來，才能擔起香港未來發展的擔子。

「擔當」字典上的基本釋義是承擔並負責任。作為香港未來的主人翁，社會大眾對青少年抱有一定期望，希望他們具有良好品德，能夠成為一個負責任、有擔當的好公民。這種擔當，不僅僅限於對個人、家庭、本地社會，也包括對香港、對國家，乃至世界。畢竟青少年的素質，很大程度上將決定香港的未來，以及在國家發展中的定位及角色。本港的青少年，不但要承擔起個人和家庭未來發展的責任，更要勇於承擔起香港未來發展的責任，承擔起實現中國夢的責任。

我認為，青少年要在未來有擔當，首先要對社會有承擔，而對社會有承擔的先決條件是建立個人正確的價值觀、世界觀和人生觀。在做好自己本職工作，扮演好學生、員工、為人子女這些角色的同時，還應當有社會責任感，更重要的是要有主人翁意識，明大義，講大局。在這一點上，我非常贊同張曉明主任的講話，「香港青年眼界要寬廣，要有超越香港看問題的國際視野，這當中首先是要有北望神州的國家視野。只有胸懷祖國，認識國家的歷史和文化，了解國情，包括了解國家的最新發展情況和重大發展戰略，才能有大志向、大格局，才能在融入國家發展大勢的同時找準香港的戰略定位和比較優

勢，從而更好地拓展香港和青年自身事業發展的空間。」這樣才不會目光短淺，能夠辯證、客觀地看待身邊的事物，有自己的主見，長遠地看未來。

少年強、青年強，則中國強

年輕人若沒有擔當，沒有社會責任感和開闊的眼界，那將是非常危險的。這樣的人，無法很好地完成自己的本職工作，也很容易看不清事實，難以在香港和祖國的發展中把握機遇，找不準自己的定位。如此，則極容易被人利用、蠱惑和蒙蔽，甚至會逐漸失去對祖國的認同感，失去家國觀念，這無論對其個人還是社會都是無益的。

近年來，中央和香港特區政府對本港青少年的成長問題日益關注，無論是教育、就業還是創業方面，扶持政策越來越多，資源亦更加傾斜在年輕人身上，香港的青少年應該充分利用這些機會，多去走一走、看一看，親身了解一下祖國的富強與變化。以寬闊的經濟視野，全面、客觀地看待內地的經濟形勢以及香港在祖國發展過程中扮演的角色，把握下一步走向。同時，要利用好自己的優勢，更好地抓緊、拓展發展機會。不應心懷偏見，坐井觀天，以致畫地為牢。

國家主席習近平曾說過：「少年強、青年強，則中國強。」我想在此勉勵廣大青少年朋友，你們的未來與香港和祖國的將來息息相關，願你們早日建立主人翁意識，明大義、講大局，成為愛國愛港的有為青年，將香港和祖國建設得更加繁榮富強！

香港應積極融入國家　爭取更大發展

刊登於香港《文匯報》2017年6月29日

　　香港回歸祖國即將20周年，中聯辦主任張曉明早前在接受新華社記者採訪時總結了「一國兩制」在港實踐取得的六大成就。這些成果都得來不易，我們應當客觀地評價過去的20年，應當看到香港在「一國兩制」下，各方面的發展蒸蒸日上，取得了巨大的成功。

　　回歸以來，內地與香港的金融逐漸融合，「一國兩制」政策讓香港能夠在內地企業「走出去」的過程中承擔重要的一環，亦成為了最大的外商直接投資來源地，內地企業最大的境外融資中心，內地最大的境外投資目的地，全球最大的離岸人民幣業務中心。自回歸以來，除個別時間外，香港經濟年均增長3.3%，位居主要發達經濟體前列；除「沙士」期間外，香港失業率一直都處於較低的水平，自2012年至今更達至3.3%左右，接近全民就業。這些成果非常值得我們驕傲。

　　內地與香港一衣帶水，香港回歸祖國以來，經歷了幾次重大危機，每次危機關頭，中央都伸出援手，幫助香港渡過難關。經濟方面，兩次重大金融危機時，都有中央挺港的身影，例如1998年中銀國際通過大量借款或延期還款的模式幫助本港一些企業渡過難關。面對金融危機和「沙士」疫情過後，香港亟待重振經濟，中央與港簽署了CEPA政策協議，在此框架下，個人遊、支持內地企業在港上市、開通「深港通」、「滬港通」等等後續的政策，為香港經濟發展注入了源源不斷的動力。

　　不過，香港在發展的同時，也面臨政爭內耗的困擾。泛政治化讓香港錯失了不少發展先機，對香港百害而無一利。有別有用心的人和外國勢力趁虛而入，希望借混亂達到他們不可告人的目的。對此，特區政府應盡快就基本法第23條立法，保持香港的繁榮穩定。有「一國」，才有「兩制」，才有香港的發展。香港回歸祖國20年，「一國兩制」成功落實，不容許任何外部勢力對香港的事務指手劃腳。

　　誠然，香港仍面臨一些問題，像全國政協副主席董建華所述，包括房價高、貧富差距懸殊、青年人向上流動遇阻、產業空洞化等。但本人相信，在「一國兩制」的政策下，中央和特區政府定會為解決這些問題不斷努力。香港應該客觀地看待取得的成就和遇到的問題，利用「一國兩制」的優勢，積極融入國家的發展，依託內地，把握好「一帶一路」建設、人民幣國際化、粵港澳大灣區城市群規劃等發展機遇，順勢而為，爭取實現更大的發展。

勿讓謬論蒙蔽理智損港人利益

刊登於香港《文匯報》2017年8月14日

「一地兩檢」，是指兩個地區的邊境口岸，在同一處地點完成兩地的出境和入境檢查、檢疫手續，這種過境方式高效、便捷，不但可節約時間，更可減輕過境旅客拖着行李的負擔。目前全球有不少地方實施這項政策，比如英國、法國、比利時的歐洲之星列車站等。然而，自高鐵「一地兩檢」方案推出以來，就一直遭到反對派的杯葛和惡意揣測質疑。甚至用上了「割地」、「租界」等誇張失實字眼，又亂編出「你身處這個地方，沒有人可以救你出來」等荒謬言論，妄圖引起市民的恐慌，反對該項方案。

反對派的無稽之談，實在是可笑至極。香港原本就是中國領土不可分離的一部分，何來「割地」一說？此外，顯而易見的，進入口岸區需要通過一系列手續和關卡才能進入，是否進入全在個人決定，且進入西九口岸區與進入其他口岸本質上並沒有什麼分別，何需「救你出來」？更何況，多個民調都顯示，「一地兩檢」方案得到大部分香港市民支持。這當中包括反對派推崇備至的港大民研計劃，該民調顯示，超過半數受訪者支持該方案。而口口聲聲要「諮詢民意」的反對派現在卻漠視民意，陳淑莊更說出「市民支持便支持，我可以繼續反對」的可笑言論，足見反對派「為反而反」，不惜賠上市民福祉的醜陋嘴臉，實在荒謬。

客觀來看，高鐵「一地兩檢」方案實際可為香港及廣大市民帶來

不少好處。首先，「一地兩檢」可讓香港政府花費800多億元港幣興建的高鐵發揮最大效用，不但節約時間，旅客也不必為了過關拖着行李反覆上落車，為北上工作、探親、旅行的港人提供更多便利。

其次，高鐵實施「一地兩檢」後，有利於香港融入國家鐵路網，為香港參與粵港澳大灣區的建設打下有利基礎，更有利於香港進一步打造「超級聯繫人」角色。此舉可吸引全球各地遊客及商務旅客選擇在香港中轉，乘坐高鐵前往內地，提高香港的國際樞紐地位，亦可緩解現時香港機場的壓力。除此之外，還可促進香港融入「一帶一路」建設，有利於進一步鞏固香港的國際金融、貿易與航運中心地位，拓展香港未來發展空間。

本人在此呼籲，希望大家能夠理性地看待高鐵「一地兩檢」方案，把握住高鐵通車及「一地兩檢」能為香港帶來的機遇，切勿讓謬論蒙蔽了理智。否則最終傷害的，是廣大港人的利益，賠上的是香港美好的未來。

香港青少年應樹家國情懷

刊登於香港《文匯報》2017年9月28日

鑒於香港個別學生宣揚「港獨」及張貼喪失人性的標語等事件，引起社會譁然。對此，本人在感到憤慨之餘，更多的，是心痛和心急。我認為，香港的年輕人，應該有家國情懷，如此才能明白，香港是我們的「小家」，祖國是保護着香港的「大家」，只有「小家」穩定，「大家」富強，生活在其中的我們才能安樂。

有家國情懷，才更能看透當下的局勢，作出準確的判斷，不會輕易被別有用心的人蠱惑和利用。現在的年輕人，尤其出生在回歸前後的，一直生活在這樣一個穩定的社會中，環境一直都很好。我們現在應該思考的是如何讓香港更好地發展，而不是破壞這種穩定的局面。有國，才有家，國破則家亡，國弱則家難安。國家若是動盪不安，人民又豈會有安定的生活？在上世紀30年代，正因為中國貧窮積弱，內戰頻頻，日本才敢肆無忌憚發動戰爭侵略我們的國家。而現在，中國已成為世界第二大經濟體，經濟的迅速發展，也讓中國在國際舞台上的話語權日漸增加。我們越來越強大的祖國，難道不是我們每一個人背後無形的依靠嗎？

有家國情懷，才更能準確把握自己的方向。「國強」為「家富」提供了條件，祖國的發展，也為香港提供了更多機會。香港一直是中國內地與外部世界交流的窗口，伴隨着祖國的發展，香港也成為了亞洲乃至國際上重要的金融、貿易、航運中心。相信隨着國家戰略部署，香港的發展機遇也只多不少。香港青少年現在應該思考的，是如何在內地飛速發展的同時幫助香港趁勢而上、順勢而為，並在此過程

中實現自己的夢想和價值。香港一直有自己的優勢，現在更應該利用好這些優勢，趕上世界的腳步。當然，現在的中國還處在發展當中，與世界真正發達的國家仍有一定距離。正因如此，年輕人就更應該去深入了解和認識這些差距，讓香港能在祖國的發展中發揮應有的作用，祖國好，香港才會更好。

我希望年輕人們都能了解，「港獨」令香港陷入內耗，政府無法集中資源和精力發展經濟，改善民生，無疑將會拖慢香港的發展。「一國兩制」的根本在於「一國」，正是在這個前提下，香港具有的地區和制度優勢才能得以發揮。香港青少年，必須樹立家國情懷。我們心中若是有家也有國，即保持自己的小個性，也融入祖國的大家庭，好好利用「兩制」的優勢，抓住祖國發展帶來的種種機遇，相信香港的未來，定會更加美好。

十九大振奮人心　香港明天更好

刊登於香港《文匯報》2017年10月21日

中共十九大在萬眾矚目中隆重召開，習近平向大會作報告，並指出「這是在全面建成小康社會決勝階段、中國特色社會主義進入新時代的關鍵時期，召開的一次十分重要的大會。」祖國日益富強，全港市民十分關注十九大的召開，聆聽習近平所作的報告後，發現港澳事務貫穿報告多處，更令港人心潮澎湃，鼓舞人心。

第一，十八大以來，國家發展穩中求進，正是憑藉迎難而上、開拓進取的精神。報告提出，「歷史性變革」體現在經濟建設、全面深化改革、民主法治建設、思想文化建設、人民生活、生態文明建設、強軍興軍、港澳台工作、全方位外交佈局、全面從嚴治黨等十個方面的顯著成就。作為香港同胞，對於「歷史性變革」的感觸更為深刻。自全面準確落實「一國兩制」方針，堅持「一國」原則，尊重「兩制」差異，深化內地與香港之間的交流合作：「十三五」規劃中，港澳獨設一章，強調中央政府支持香港作為國際金融、航運及貿易的中心地位；「一帶一路」建設中香港更是重要的節點，在國家戰略方針的支持下，保持了香港的繁榮穩定。

第二，未來五年，國家將全面建成小康社會，進而實現「兩個一百年」奮鬥目標。報告指出，中國特色社會主義進入了新時代，將承前啟後，繼往開來，進而在本世紀中葉，把國家建成富強民主文明和諧美麗的社會主義現代化強國。

報告提出新時代中國特色社會主義思想和基本方略，在「堅持

『一國兩制』，推進祖國統一」中，則強調了香港重要的角色任務，報告指出，必須全面準確貫徹「一國兩制」、「港人治港」、高度自治的方針，嚴格依照憲法和基本法辦事，完善與基本法實施相關的制度和機制；要支持特區政府和行政長官依法施政、積極作為，團結帶領港澳各界人士齊心協力謀發展、促和諧，保障和改善民生，有序推進民主，維護社會穩定，履行維護國家主權、安全、發展利益的憲制責任。

第三，港澳同胞要「同祖國人民共擔民族復興的歷史責任、共享祖國繁榮富強的偉大榮光」，體現了香港與國家命運與共。報告指出，港澳發展與內地發展緊密相連，「要支持香港、澳門融入國家發展大局，以粵港澳大灣區建設、粵港澳合作、泛珠三角區域合作等為重點，全面推進內地同香港、澳門互利合作，制定完善便利香港、澳門居民在內地發展的政策措施。」歷時逾10年的廣深港高速鐵路將於明年通車，相信屆時內地與香港的合作交流更為頻繁，互惠互利。

正值香港回歸祖國20周年，十九大報告振奮人心，港人對祖國未來發展更有信心，堅信明天會更好。香港更應積極順應國家發展的大趨勢，把握並配合好國家戰略方針給港澳地區帶來的良好機遇，尤其是青年人應在新時代承擔新使命，在以習近平為核心的中央領導下，與內地同胞攜手同心，為實現中華民族的偉大復興作出貢獻，為香港開創更美好的明天。

粵港澳攜手並進 大灣區實現共贏

刊登於香港《文匯報》2017 年 11 月 25 日

粵港澳大灣區建設在被納入「國家『十三五』規劃」和「『一帶一路』願景與行動」後，值香港回歸 20 周年之際，國家發展和改革委員會與粵港澳三地政府簽署了《深化粵港澳合作推進大灣區建設框架協議》。香港應抓住這不可多得的新機遇，及早部署謀劃，在與內地深化合作、發揮自身優勢的同時，成為帶動區域經濟發展的先驅。

第一，把握天時，合作交流更為便利。粵港澳大灣區人口達 6600 萬，在區域面積、機場旅客吞吐量和港口集裝箱三方面，較東京灣區和三藩市灣區更勝一籌。「超級工程」打造了大灣區「一小時生活圈」，隨着港珠澳大橋、廣深港高鐵香港段通車在即，市民完全可以實現在香港工作、在灣區其他城市生活。更重要的是，當逐步開通香港連通內地的大型基建，一如打通任督二脈，形成道路、鐵路、海運網絡，三地的人員、貨品服務乃至生產要素都能夠自由流動，從而深度融合，保持錯位發展，互惠互利。

第二，佔據地利，發揮傳統行業優勢。作為世界金融中心及全球最大的離岸人民幣業務中心，香港擁有完善的金融體系與專業從業人員，林鄭月娥行政長官表示在《框架協議》下，香港將繼往開來，在金融、航運和貿易三方面為粵港澳大灣區提供服務。「處既形便，勢有地利」，香港的天然深水良港和成熟的港灣管理體系，便能憑藉豐富的經驗帶領大灣區其它成員。內地的生產基地和市場是推動創新科技等行業的重要助力，在展現傳統優勢的同時，彌補本土土地資源不足的問題，城市群內得以協同發展。

第三，凝聚人和，投入更多科研資源。粵港澳大灣區涵蓋11個城市，培養和吸納優秀人才是進一步發展文化創意產業、高新技術產業等產業的重要環節。香港有一流大學，基礎研究實力不錯，在一些研究領域，如醫療、生物科學都達到國際水平，能夠吸引城市群內人才到港進行學習交流。同時，香港青少年不僅通曉兩文三語，更具備敏銳的國際視野，若能有胸懷大格局的氣魄，定能從粵港澳大灣區建設中多有收穫。

粵港澳三地一衣帶水，自國家改革開放以來，香港一直積極參與建設珠三角地區。隨着粵港澳大灣區政策的落實，在城市群成員發揮彼此比較優勢的同時，香港應把握好天時、地利、人和的機遇，所謂「來而不可失者，時也；蹈而不可失者，機也」，既認識自身的優勢，也要有危機意識，才能在新時代合作共贏。

「一地兩檢」合情合理合法

刊登於香港《文匯報》2017年12月9日

　　近日，《內地與香港特別行政區關於在廣深港高鐵西九龍站設立口岸實施「一地兩檢」的合作安排》正式簽署，「一地兩檢」的「三步走」終於踏出第一步。從情、理、法的角度來看，「一地兩檢」毋庸置疑是最合適的方案。

　　第一，合乎民情，民心向背歷歷可見。多項民調均顯示，支持「一地兩檢」的民眾比率較反對為多，他們多數認為「方便快捷」且「有利香港發展」，反映主流民意均贊同方案。香港回歸20年，兩地之間的交流合作愈加密切，人員往來也更為繁忙，市民皆認可「一地兩檢」是協助高鐵高效運作的重要一環。同時，為釋除公眾疑慮，政府早已清楚界定站內的「內地口岸區」，內地人員亦不會在此區外執法。可見，無論反對派如何政治化、妖魔化方案，「一地兩檢」正是「民之所欲」。

　　第二，合乎理性，減少繁冗手續，更為高效快捷。「一地兩檢」意味跨境旅客可以在西九龍站一次過辦理兩地的出入境手續：離港乘客登車後，即可直達國家高鐵網絡覆蓋的城市，無須在內地接受入境檢查；返港乘客只需在抵達西九龍站後，再辦理兩地通關手續。通過「一地兩檢」，乘客才能便捷往來全國各地，發揮高鐵的社會、經濟雙重效用。反對派提出的「兩地兩檢」、「多地多檢」的方式，都不能達到高鐵高效省時的要求。

　　第三，合乎法例，維持香港高度自治權和土地使用權。基本法第

七條是支持「一地兩檢」的法理基礎，即「香港特別行政區的土地及資源屬國家所有，由特區政府負責管理、使用、開發、出租或批給個人、法人或團體使用或開發，其收入全歸香港特別行政區政府支配」。根據特區政府公佈的「一地兩檢」安排，以租賃方式將西九龍總站「內地口岸區」的場地予內地相關單位使用，當中並不涉及業權轉移。因此「一地兩檢」的本質對兩地合作的深化，是對「一國兩制」的推進，進一步加深港人對「一國」的認同。

經特首及各界專業人士解答有關措施的疑慮後，對「一地兩檢」的爭議應當告一段落，我們應該有更大的格局和眼光來看香港高鐵的落成。隨着香港連接上全球最龐大的高鐵網絡，香港應抓住新機遇，以推動本土創新科技及各行業的發展；同時進一步加強和鞏固香港作為國際都會城市的競爭力。

經濟形勢大好　香港向前邁進

刊登於香港《文匯報》2018年1月25日

　　近日香港股市勢如破竹，恒指連創歷史新高，突破33,000點，成交近2,000億元，市場氣氛良好，投資者滿載而歸。同時，本港多項經濟指標亦表現不俗，可見特首林鄭月娥帶領新班子積極作為，更離不開國家政策的支持，有兩地融合互惠互利的大好勢頭，才能開啟2018年的良好開局。

　　股市暢旺經濟繁榮，正是「國家好，香港更好」的又一力證。改革開放40年以來，國家在經濟上飛速發展，一躍成為世界第二大經濟體。在國家的戰略方針中，香港不僅肩負推動的重任，也切實地從中獲益，如「十三五」規劃中，港澳單獨設一章，強調中央政府支持香港作為國際金融、航運及貿易中心的地位。背靠祖國，香港未來大有可為，十九大報告特別指出「要支持香港、澳門融入國家發展大局，以粵港澳大灣區建設、粵港澳合作、泛珠三角區域合作等為重點，全面推進內地同香港、澳門互利合作，制定完善便利香港、澳門居民在內地發展的政策措施。」正是國家經濟平穩推進，使得港人對股市前景充滿自信。

　　在國家的大力支持下，兩地互利合作愈加頻繁，香港股市正正受惠於內地企業來港上市。在中央推出的滬港通、深港通、債券通等機制中，內地資金流入香港市場，同時有效提升企業的國際形象，內地企業和香港市場實現共贏。未來兩地的聯繫將更加頻繁，如ETF通、新股通、商品通、一級市場通等接連開通，港珠澳大橋和廣深港高鐵香港段通車使用，粵港澳大灣區和「一帶一路」的建設發展，使得兩

地關係更為緊密。香港應當把握好新機遇，同時進一步發揮國際金融中心的優勢，各行各業才能蓬勃發展。

股市持續牛市升勢，與林鄭月娥履任以來的積極作為分不開。回顧特首自推出首份施政報告以來的種種政策措施，皆以惠及民生促進經濟為己任，切實回應市民的期望的同時，走出了政爭不斷、社會撕裂的困境，萬眾一心齊心協力，只有政通人和，社會發展才能進入良性循環。林鄭月娥上任以來，積極爭取各界支持與合作，尤其重視金融科技，並提出要多管齊下，如創新科技署推出「創科創投基金」，與新加坡商討建立跨境貿易平台等。社會內外和衷共濟，才能為股市利好奠定良好基礎。

經濟發展喜人，港人要秉持獅子山下精神，在國家政策的支持下，把握兩地互聯互通的優勢，支持特區政府和行政長官依法施政，努力再創高峰，共擔民族復興的歷史責任，共享祖國繁榮富強的偉大榮光。

把握「一帶一路」機遇香港再創高峰

刊登於香港《文匯報》2018年2月9日

由特區政府與「一帶一路」總商會主辦的「國家所需、香港所長——共拓『一帶一路』策略機遇」論壇近日於北京舉行，宣講了香港在金融、商貿及專業服務的獨特優勢，工商界同仁應把握「一帶一路」機遇，為國家和香港的未來發展出一分力。

順應國家發展勢頭，香港繼續發揮自身優勢。論壇上，中央對香港提出了瞄準「國家所需」、發揮「香港所長」、增強創新意識、弘揚絲路精神四點希望。港澳助力「一帶一路」建設，是貫徹落實中共十九大精神的重要舉措，也是支持港澳融入國家發展大局的重要決策。香港憑藉40年前改革開放政策的春風，以及回歸20年來國家政策的支持，在回應國家政策需要的同時，也為自身的繁榮穩定奠定基礎。眼前的「一帶一路」正是國家提供的又一巨大機遇，香港應順勢而為再創高峰。

配合國家發展所需，香港才能貢獻所長。針對「一帶一路」建設需要，要響應四個「着力」的號召，即着力加強大灣區內創新體系建設、着力推動創業模式創新、着力開展新技術新業態合作、着力提供豐富多樣的公共服務產品。這四點具體明確，操作性高，香港作為國際金融中心，擁有完備的金融體系，在「一國兩制」的制度優勢下，應打好頭陣，與內地共拓「一帶一路」機遇，促進金融服務與資金流動，支持內地企業「走出去」。香港的專業人才擁有國際視野和創新思維，與四個「着力」着重提出的「創新」需要相契合。背靠祖國，面向世界，香港有責任亦有能力擔起「超級聯繫人」角色。

中央關心重視 鼓勵香港再創輝煌

刊登於香港《文匯報》2018年3月1日

　　春節來臨之際，國家主席習近平給香港「少年警訊」成員回信，感謝他們寄送親手製作的新春賀卡，勉勵他們好好學習、健康成長、早日成才，並向香港廣大青少年致以誠摯的問候和節日的祝福。較早前，中聯辦領導班子召開會議，表示要切實做好新階段香港工作，提出5個看齊：一是向習總書記高度重視「一國兩制」偉大事業、親力親為關心香港同胞的領袖風範看齊；二是向習總書記不忘初心、情繫人民的深厚為民情懷看齊；三是向習總書記重視中華優秀傳統文化傳承、着力促進增強國家意識和文化認同的高度自信看齊；四是向習總書記關心青年、助力青年成長的歷史責任擔當看齊；五是向習總書記不懈奮鬥、攻堅克難的崇高品質和堅強意志看齊。香港各界應不忘初心，把握國家發展機遇，全力建設好香港，不辜負中央的信任和期望。

　　第一，把握「一國兩制」制度優勢，發揮香港所長。堅持「一國」原則，尊重「兩制」差異，習主席曾經指出，「既要把實行社會主義制度的內地建設好，也要把實行資本主義制度的香港建設好」。作為國際金融中心，香港與國際連繫緊密，具備制度與人才優勢，在與內地的金融合作、促進金融服務等方面大有可為。從「十三五」規劃到「一帶一路」建設，在國家發展方略的支持下，香港可以提升優勢，拓展合作空間，開拓新局面。

　　第二，發展經濟民生，增強文化認同。中央一直推動香港的經濟發展，在金融、經貿、民生、旅遊等出台了一系列惠港政策，以及便

利港人在內地學習、生活、就業的措施，足見中央支持香港發展經濟、改善民生。特首林鄭月娥履新以來，社會政通人和，為經濟發展奠定基礎。香港要注重傳承和發揚中華民族文化傳統，樹立正確的民族觀、國家觀、文化觀，增強對民族的認同感和自豪感，共擔民族復興的歷史責任。

第三，關心青少年成長，不懈奮鬥攻堅克難。習主席關懷重視香港青年，鼓勵青少年了解國情、開闊視野。香港各界人士更應主動關心青少年的成長，在學業、就業、創業等方面給予幫助，引導他們有北望神州、放眼世界的視野，將個人夢融入國家夢、民族夢，在報效國家的同時成就自身。

修憲大勢所趨人心所向

刊登於香港《文匯報》2018年3月9日

日前新華社公佈了中共中央關於修憲的建議。修憲符合國情及新時代社會主義發展要求，順應國家和人民事業發展，遵循憲法發展的規律，實乃大勢所趨、人心所向。

憲法修改的內容包括，確立科學發展觀、習近平新時代中國特色社會主義思想在國家政治和社會生活中的指導地位；完善依法治國和憲法實施舉措；修改國家正副主席任職方面的有關規定；增加有關監察委員會的各項規定等21條內容。十三屆全國人大一次會議開幕會上，十二屆全國人大常委會副委員長兼秘書長王晨透露，去年9月習近平總書記主持召開政治局會議，成立憲法修改小組，並向全國各方徵求到超過2600條對修憲的意見，有效匯聚了民意，確保本次修憲符合人民利益。

改革開放40年，國家發生翻天覆地的變化，人民生活水平顯著提高，憲法通過不斷適應新時代，獲得持久生命力，有利於推進中國特色社會主義事業發展，更有利於保障人民權益。

十九大報告提出，在2020年全面建成小康社會，2035年基本實現社會主義現代化，進而在本世紀中葉建成富強民主文明和諧美麗的社會主義現代化強國。實現「兩個一百年」的目標，需要有力的憲法保障，憲法與時俱進、完善發展，正正體現了國家發展的新經驗、新要求和新成就，保持了憲法的連續性、傳承性、穩定性。

修憲是國家大事，對香港同樣具有重大意義。十九大報告強調，

要「保持香港、澳門長期繁榮穩定，必須全面準確貫徹『一國兩制』、『港人治港』、『澳人治澳』、高度自治的方針，嚴格按照憲法和基本法辦事，完善與基本法實施相關的制度和機制」。此次修憲，把十九大確定的重大理論觀點載入國家根本大法，明確香港在國家發展中的重要定位與作用。

　　背靠祖國是香港最大的優勢和機遇，香港要積極融入國家發展大局，香港市民尤其是青少年，要增強國家意識和愛國精神，承擔起新時代賦予的使命與責任。

「港獨」禍國亂港 必須堅決遏制

刊登於香港《文匯報》2018年4月6日

戴耀廷公然宣揚「港獨」言論，勾結「台獨」等外部勢力，企圖分裂國家，對國家安全、主權和發展利益的危害不可等閒視之。戴耀廷此舉引起公憤，社會各界紛紛予以強烈批駁。

戴耀廷的「港獨」言論踐踏法治，觸犯國家憲法和香港基本法，威脅了香港的繁榮穩定。十九大報告強調，維護國家主權、安全和發展利益是香港長治久安的基石，這不僅關乎「一國兩制」方針的正確實踐，更與香港市民的福祉息息相關。習近平主席一再重申，維護國家主權和領土完整，是全體中華兒女共同願望，是中華民族根本利益所在。在國家主權和領土完整的問題上，不存在妥協和退讓的可能。基本法序言開宗明義指出「香港自古以來就是中國的領土」，「一國兩制」正是建立在「一國」的前提之上，戴耀廷不僅發動違法「佔中」，更肆無忌憚地鼓吹「港獨」，違憲違法，損害香港繁榮穩定和國際形象，與包括港人在內廣大中國人的意願相違背，決不能姑息縱容。

戴耀廷「港獨」言論一出，香港各界人士通過接受採訪、抗議請願等方式作出強烈譴責，特區政府必須盡快依法追究戴耀廷，彰顯法治。戴耀廷身為港大法律系副教授，知法犯法，教唆學生進行激進暴力抗爭，公然煽動「港獨」。作為培育英才的百年學府，港大理應果斷行動，回應大眾訴求，依規跟進處理。

「佔中」風波平息，社會撕裂逐步修復，香港正在形成積極的氣氛，經濟、民生都在逐漸轉好，戴耀廷之流的個別「港獨」分子逆流而動，各界應當以「零容忍」的態度堅決遏制，維護香港良好社會秩序和繁榮穩定。

抓機遇謀發展 香港再創高峰

刊登於香港《文匯報》2018年4月16日

　　近日，國家主席習近平出席博鰲亞洲論壇年會，發表了以《開放共創繁榮　創新引領未來》為題的主旨演講，宣佈決定在擴大開放方面採取一系列新的重大舉措，這表明了未來國家將繼續堅定推進改革開放。憑藉改革開放政策的東風，還有回歸以來國家政策的支持，香港才能一次次「拔得頭籌」，在為國家貢獻力量的同時，抓住每一個巨大機遇，將進一步促進香港的發展。

　　習主席在博鰲的講話正是一劑強心針，有祖國作為堅強後盾，相信香港未來的發展大有可為。在擴大開放方面，國家將採取四項重大舉措，包括大幅度放寬市場准入，創造更有吸引力的投資環境，加強知識產權保護，主動擴大進口，四大舉措涉及金融保險業的開放、反對壟斷、保護知識產權、降低汽車進口關稅等內容。國家專門組建了國家知識產權局、國家市場監督管理總局，以切切實實支持舉措的落實。

　　「中國開放的大門只會越開越大」，為香港帶來了更多的機會。博鰲論壇上亦宣佈了5月1日起，滬港深互聯互通每日額度將擴大四倍。「北水」積極流入，同時吸引全球資金，相信能促進香港作為國際金融中心的發展，在進一步對外開放的進程中擔任更重要的角色。

　　面對機遇，香港應當加快行動，跟上國家開放的步伐。堅持「一國」為本，尊重「兩制」差異，十九大報告指出要支持香港、澳門融入國家發展大局。在國家大力支持下，兩地互利合作機會更

多，如滬港通、深港通、債券通等接連開通，港珠澳大橋和高鐵香港段更是通車在即，粵港澳大灣區和「一帶一路」的建設發展，香港不僅要與內地同舟共濟，更要做好為內地市場接軌國際的任務。同時，香港要着重傳承和發揚中華民族文化傳統，對民族有強烈的認同感和自豪感，共擔民族復興的歷史責任，也要培養青少年北望神州、放眼世界的視野。

向亂港惡行說不 抓緊機遇一展所長

刊登於香港《文匯報》2018年5月8日

　　近日，民主黨立法會議員許智峯，於「一地兩檢」草案委員會會議期間，強搶保安局女行政主任文件和手提電話，引發社會各界譴責。許智峯身為立法會議員知法犯法、罔顧法治公義、違反道德操守，理應嚴肅追究問責，以守護法治根基，為年輕人樹立正確的道德榜樣。新時代生逢其時的香港青少年，要把握歷史機遇，學習中國優秀的傳統文化，深入了解憲法和基本法，發揮好「一國兩制」的制度優勢，堅決對有損香港的一切說不，在新時代施展個人才華、實現自己的理想抱負。

　　在中央的大力支持下，香港積極參與「一帶一路」、粵港澳大灣區建設，得以融入國家發展大局，走出社會紛爭困境。港人不僅要珍惜、把握當下的發展勢頭，更應一如既往地對亂港、誤港的現象堅決說不。

　　回歸以來，有賴「一國兩制」方針在港全面準確地貫徹執行，香港才能在國家發展大局中找準定位、積極對接，不僅保持了香港的繁榮穩定，港人更享有比歷史上任何時候都更廣泛的民主權利和自由，可以說「一國兩制」方針是符合國家利益、香港情況的最佳制度安排。「一國兩制」在實踐中難免遇到新情況、新挑戰，甚至遇到個別的破壞力量，但「一國兩制」的偉大框架和構想有能力承受這些波動。面對非法「佔中」、旺角暴動、立法會宣誓風波等違憲違法事件，通過人大釋法，依靠香港法治，捍衛了國家尊嚴，制止紛擾，令香港由亂變治，維護了香港的繁榮穩定。

相信香港

　　香港始終與國家血脈相連，每每在香港發展的關鍵時刻，國家總會「挺港」，少數激進勢力肆意挑起政爭，誤港禍港，我們要主動維護國家主權、安全和發展利益。有人利用言論自由之名，如戴耀廷之流，公然鼓吹「港獨」言論，行違法亂港之實。「利於國者愛之，害於國者惡之」，面對不斷的內耗和爭議，不少市民、學生挺身而出，大聲說不：先有女大學生撕下「港獨」標語，拒絕被代表；後有港專校長以身教導正途，怒斥對國歌無禮的學生。香港是祖國不可分割的一部分，香港人身為中國人，愛國愛港是做人做事的根本，也是培養下一代正確的價值觀、人生觀的應有之義。

　　「和氣致祥，乖氣致異」。社會政通人和，民生經濟才能朝氣蓬勃，國家政策不斷為香港提供新的重大機遇，進一步加強港人對未來發展的信心。反觀反對派數次在立法會上拉布阻撓如港珠澳大橋、高鐵香港段、西九故宮等項目落實，諸如此類的做法，耽誤香港發展、傷害兩地情感，阻礙兩地交流融合、破壞香港多元包容的國際形象，早已盡失民心。

　　一如特首林鄭月娥在立法會行政長官答問大會上強調，香港不可以再「食老本」、「等運到」，國家給予的機會就在眼前，不可再裹足不前、故步自封，應抓緊機遇，一展所長。

香港青年應積極參與大灣區建設

刊登於香港《文匯報》2018年5月29日

　　粵港澳大灣區建設作為國家的重大發展方略，為香港發揮所長、更好地融入國家發展提供了巨大機遇。「粵港澳大灣區建設規劃」出台在即，新一輪建設即將啟動，相信會為香港青年提供更廣闊的發展空間。

　　粵港澳大灣區旨在打造國際一流灣區和世界級城市群，早被納入國家「十三五」規劃、「『一帶一路』願景與行動」等國家發展戰略。為此，特區政府亦主動作為，特首林鄭月娥先後赴深圳、中山、珠海、廣州及惠州進行考察，以深入了解各城市的優勢，以及可重點推進的合作範疇。32位議員參加的立法會大灣區訪問團也圓滿完成，相信在了解大灣區的機遇與挑戰後，能更全面地協助特區政府制定相關政策。香港在粵港澳大灣區的重要機遇中擔任獨特角色，得以發揮金融、航運、法律、人才培養等方面的優勢，進而提升自身建設，打開經濟新局面。

　　香港青年人應把握好時代機遇，與國家同行。粵港澳大灣區擁有6,000萬人口的龐大市場，在佔地面積、港口集裝箱吞吐量等方面都超越目前世界三大灣區，並以高質量高起點的規劃，將大灣區規劃建設為國際航運、國際金融和國際科技創新的中心。香港青年通曉兩文三語，具備國際視野，想必能在科技創新領域大顯身手，有創業夢想的青年也可大展拳腳。港珠澳大橋和高鐵香港段即將通車，「一小時生活圈」拉近了粵港澳城市群之間的距離，港青要用超歷史的眼光積極參與粵港澳大灣區建設，為自己的未來發展積極作為，主動出擊，

胸懷大格局才能拓展個人前途。

　　經濟、民生都在逐漸轉好，香港社會正在形成良好氣氛，面對個別逆流而動的「港獨」分子，青年人應「零容忍」，堅決反對。新興「港獨」組織「學生獨立聯盟」近日打算發起「港獨」集會，他們的做法就是希望利用學生上位，青年人要擦亮眼睛，不應為巧言令色所蒙蔽。所謂「苟日新，日日新，又日新」，青年人是國家的希望，應當追求更高的進步和理想，處於人生的黃金時期，應當把學習、工作當做首要任務與責任，為國家的富強作出貢獻。

參與義務工作 發揚社會正能量

刊登於香港《文匯報》2018年6月7日

　　很多香港人在閒暇時應該都做過義務工作，賣旗、探訪老人、輔導學生功課等等。參與義務工作，體現了人與人之間互助互愛、相互關懷的精神，以行動盡公民責任、貢獻社會。自2014年正式成立的香港義工聯盟，致力於將義工行動深入社區基層，鼓勵社會各界人士關注弱勢群體。義工聯盟近日將開展9項公益慈善義工活動，惠及長者、基層家庭、兒童及青少年等人士。

　　鼓勵青年人參與義工活動，可以培養下一代的社會責任感。特區政府一直積極推動社會各界，尤其是青年人參與不同類型的義工服務。通過志願貢獻個人時間和精力，為社會提供服務，青少年可以建立同理心、培養正確價值觀，並深入了解社會等等。義工聯盟亦致力營造有利條件，增加青年人參與社區事務、服務社會的機會，於2016年成立了青年義工團，吸納青年人加入義工行列。今年首次舉辦的小心願圓夢計劃，更是鼓勵兒童和青少年自發組織助己助人，鼓勵他們建立自信和積極人生觀。

　　關懷社會有需要人士，可以協助政府改善民生。義工服務能為弱勢群體提供切實到位的支援，如陪伴長者、中醫義診等服務，彌補不少社會服務的缺口。義工聯盟以「扶持弱勢社群、宣揚關愛文化」為宗旨，動員團結香港各界義工團體及組織，目前合辦和資助義工活動超過2,000項，受惠市民超過200萬人。在每年7月1日的「全港義工服務日」舉辦系列活動，在幫助有需要人士之餘，也呼籲香港市民關注公益，傳承義工服務精神。

凝聚社會關愛力量，可以構建和諧共融的社會。在香港越來越多人願意投身於義工服務，截至今年3月，已有約130萬名登記義工，即每5.5個港人中就有1名登記義工，可見義工服務得到廣泛認同和參與。義工聯盟最初由一眾熱心公益的工商界人士發起，在社會各界的支持下，現時涵蓋香港不同類型的義工團體及組織，有41個團體會員，超過700支義工團隊，義工人數逾8萬人。市民可以根據自身的能力、意願，選擇不同服務種類、形式的義工活動，為自己關心的社群提供幫助。

「老吾老以及人之老，幼吾幼以及人之幼」，推己及人去關愛有需要的人士是中國優良傳統美德。義工聯盟兼顧不同服務對象需要，以不同形式的公益活動，推動義工服務多元發展，帶動社會各界人士共同參與義務工作，共同發揚互助互愛精神。

把握大灣區機遇 建設國際創科中心

刊登於香港《文匯報》2018年6月20日

　　國家高度重視香港科技的創新與發展，習近平主席早前更作出重要指示，促進香港同內地加強科技合作，支持香港成為國際創新科技中心。港府亦致力推動本地創科領域，為發展經濟、改善民生標注新方向。香港具備專業技術、人才資源等優勢，有條件、有能力配合粵港澳大灣區建設，全力發展創新科技。

　　首先，要突出傳統優勢，邁向創新經濟。國家力挺香港發展創科，把科研作為未來發展主要驅動力量，在粵港澳大灣區建設中，大灣區城市群有機聯合科學、技術、生產、市場四方面，香港可與其他城市在科技創新合作方面實現優勢高度互補。國家的大力支持為香港本土創科發展帶來新機遇，有助香港突破「瓶頸」，做好創科產業。香港法治廉潔，又與國際接軌，在「一國兩制」制度保障下，香港專業的金融市場可以吸引跨國企業來港上市或設立總部，從而進入大灣區市場，更有利於發展金融科技。香港也應把握機會，成為區內創新科技先行者。

　　其次，要着重人才培養，驅動創新資源。習近平主席在兩院院士大會上提出「創新之道，唯在得人」，要實現高質量發展、實現「強起來」的偉大飛躍，歸根結底還是依靠人才。科研創新重在院校的科研實力，以及國際人才帶來的前沿技術。香港的創科發展基礎扎實，研究成果和人才實力雄厚，擁有良好的科研環境和平台，不少科研領域如生命科學都位居世界前列。香港在大灣區建設中還可發揮橋樑作用，吸引國際人才，或通過合作辦學、協同研究等方式合力培養人

才。今年5月，政府宣佈推出「科技人才入境計劃」輸入海外及內地科研人才，共同組成香港的科研力量。

再次，要加強產學結合，創科改變生活。為推動香港的創新及科技發展，2015年成立創新及科技局，以此帶動傳統工業升級，鼓勵市民使用資訊科技。今年政府財政預算更計劃在創新與科技項目上投放500億元，用於落馬洲河套區發展，醫療科技創新平台、人工智能及機械人科技創新平台等。科研創新的成果多能實實在在地提高市民生活質量，如人工智能的研究、新型疫苗的突破。

粵港澳大灣區建設提供合作機遇，香港貢獻所長責無旁貸。以國際創科中心作為未來發展的方向，香港在鞏固世界級數碼城市地位的同時，也為共建粵港澳美麗家園作出貢獻。

堅持「一國兩制」 香港形勢向好

刊登於香港《文匯報》2018年6月29日

　　國家主席習近平去年視察香港期間發表一系列講話，為香港全面準確落實「一國兩制」指路引航，香港發展亦由此邁上新階段。轉眼一年過去，在主席和中央的關心支持下，香港社會呈現可喜新氣象，各界齊心協力共圓中國夢。展望未來，香港社會要遵守國家憲法和基本法，切實維護國家利益，把握時代機遇，才能百尺竿頭更進一步。

　　中央從國家發展大局出發，為香港發展指明方向、創造機遇。去年習主席甫抵機場便表明對香港「表達祝福、體現支持、謀劃未來」，並在講話中強調要全面準確落實「一國兩制」，並寄望香港聚焦發展。支持香港融入國家發展大局，重視香港「全球聯繫人」的角色作用，同時帶動香港自身發展，是習近平新時代中國特色社會主義思想中「一國兩制」方略的新特點，也進一步推動「一國兩制」在香港成功實踐。一年以來，香港市民時時刻刻都能感受到習主席的親切關懷，早前對24名在港兩院院士的信函的指示中，表明支持香港成為國際創新科技中心；在春節前10天內更對香港連續3次作出重要指示。習主席的勉勵關懷令全港市民信心倍增，成為香港未來發展的驅動力。

　　香港社會內外政通人和，進入發展新階段。求和諧、謀發展成為社會共識和主流民意：港府施政報告的政策措施務實高效，立法會通過修訂《議事規則》杜絕拉布歪風贏得民心，「辱華議員」被褫奪議員資格，旺角暴亂案主謀入獄大快人心。發展是香港立身之本，港珠澳大橋主體工程完成交工驗收、廣深港高鐵香港段通車在即、香港故

宮文化博物館開始動工等，這些令市民期待的工程項目正緊鑼密鼓地有序進行。根據統計數字，香港最新失業率為2.8%，是20年的新低，經濟增長強勁，社會趨向和諧穩定，香港在新時代的發展值得市民期待。

配合國家「一盤棋」佈局，香港發展行穩致遠。中央帶來粵港澳大灣區建設、「一帶一路」建設等高層次機遇，也為便利香港市民提供在內地發展的新政策措施。「粵港澳大灣區建設規劃」出台在即，新一輪建設即將啟動，香港未來大有可為。「國家所需，香港所長」，香港各界應把握好機遇，繼續發揮金融體系完善、法治廉潔、與國際接軌等優勢。同時，也要與內地進行深層次互補，實現共同繁榮發展。隨着兩地往來日趨緊密，在人才交流、文化經濟等各方面深度融和，青年人可以在更廣闊的舞台大展拳腳，為國家的富強作出貢獻。

「香港一直牽動我的心」，在習主席的高度關心下，這一年來香港蓬勃發展，呈現穩步向上的勢頭。背靠祖國，香港各界要再接再厲，以強烈的歷史使命感和時代責任感，不負國家對香港的期望和支持，共享祖國繁榮富強的偉大榮光。

打擊「港獨」合法合情合理

刊登於香港《文匯報》2018年7月21日

　　保安局局長李家超宣佈，根據警方建議，考慮行使《社團條例》第8條的權力，禁止「香港民族黨」運作。「香港民族黨」自成立以來肆無忌憚鼓吹「港獨」，影響極為惡劣，危害國家安全，特區政府禁止其運作，合法合情合理。

　　《社團條例》第8條指出，如為維護國家安全或公共安全、公共秩序或保護他人的權利和自由所需要，可禁止任何社團運作。警方詳列了「香港民族黨」超過600項分裂國家言行的事實，可見他們的「港獨」主張不僅是口頭煽動，更鼓吹武力、散播仇恨，對國家及公共安全都構成威脅。警方有理有據，從法理或是普世價值觀出發，都是無從質疑。「香港民族黨」主張要把香港從祖國分裂出去，有違基本法和國家憲法，政府依法捍衛國家安全，遏制「港獨」態度堅決，市民拍手支持。

　　「香港民族黨」因鼓吹「港獨」，至今未獲註冊為法定社團或公司，屬於非法組織，應當予以取締。在警方提出的「香港民族黨」長達86頁違法行徑中，列舉他們的「港獨」言行，包括創黨記者會上大喊「民族自強，香港獨立」，接受電台節目訪問時表示「港獨」是港人的「唯一出路」，更舉辦「中學政治啟蒙計劃」，在各校組織中學生參與，向本地大學及院校提供「港獨」標語等。「香港民族黨」不僅煽動，更致力推動香港「脫離中國」並建成「獨立國家」，還參加「亞洲人權迫害與自決」國際人權記者會，揚言希望與「藏獨」、「疆獨」等合力「對抗中國」。這些證據足以證明，「香港民族黨」

直接危害國家安全，損害香港繁榮穩定。

　　香港反對派、英國外交部、美國駐港總領館都以言論自由、結社自由之名，為「香港民族黨」開脫。英國外交部發表聲明，表示關注事件；反對派亦對言論自由、結社自由表達「擔憂」。市民享有結社自由，但必須遵守法律，維護國家安全、公共秩序，保障他人權利自由。「港獨」違憲違法，將「港獨」與言論自由扯上關係，不過為轉移視線、擾亂人心，干擾政府依法辦事。市民必須擦亮眼睛，明辨是非。

　　十九大報告早已宣示：「絕不允許任何人、任何組織、任何政黨，在任何時候、以任何形式、把任何一塊中國領土從中國分裂出去」。政府依法禁止「香港民族黨」運作，對「港獨」零空間、零容忍，維護了國家安全，維護香港的繁榮穩定，廣大市民堅決支持。

發揮香港優勢　建國際創科中心

刊登於香港《文匯報》2018年8月10日

　　科技發展日新月異，在貼近普羅大眾生活的同時，還應不斷創新，促進社會發展。「國際中醫藥香港高峰論壇」近日在港舉行，特首表示將成立醫療科技創新平台，為本港中醫藥發展提供更大動力。創科是社會發展趨勢，有國家政策支持，香港要發揮自身優勢，建設國際創科中心。

　　首先，創新科技是發展趨勢，香港應勇立潮頭把握機遇。國家大力提倡建設科技強國，創科浪潮亦席捲全球，騰訊、阿里巴巴、華為、中興等企業突圍而出，引領走向「中國創造」。今日的金融科技創新亦發展迅速，為實體經濟大大提升效率、節省成本。香港在科技發展上一直保持領先勢頭，20年前推出的「八達通」一度可謂是最成功的電子貨幣，但相較今日多樣性的支付系統，稍嫌裹足不前。創科發展如此迅猛，香港應奮起直追推動本地科技研發。

　　其次，與國家政策合力，港府致力發展科技。國家科技部和財政部公佈，香港的大學和科研機構可申請國家科研經費，並過境香港使用，實現「科研資金過河」，為香港創科發展注入強心針。政府財政預算案亦計劃在創新與科技項目上投放500億元，用於落馬洲河套區發展、醫療科技創新平台、人工智能及機械人科技創新平台等。在專項科研外，亦擴大應用範圍，例如借助科研力量推動中醫藥產業，打造新興產業。

　　再者，發揮本地科研優勢，把創科發展為支柱產業。香港創科發

展基礎扎實，研究成果豐碩，人才實力雄厚，還擁有不俗的科研環境，不少科研領域如生命科學等位居世界前列。作為超級聯繫人，今年5月，政府宣佈推出「科技人才入境計劃」，以輸入海外及內地科研人才組成香港的科研力量。隨着人工智能、互聯網+、大數據等概念的應用和普及，相信能為更多的新產品、新服務創造商機，有助香港突破發展「瓶頸」，做好創科產業。

港府致力推動創科領域，相信可為本地經濟、民生發展標注新方向。香港是世界知名的國際金融、貿易和航運中心，香港也擁有絕對的實力和基礎，繼續發展為國際創新科技中心。

加快23條立法 勿讓「港獨」禍港

刊登於香港《文匯報》2018年8月31日

近期，FCC邀請「港獨」組織「香港民族黨」召集人陳浩天演講事件引起了香港大多數市民的不滿。另一邊廂，非法「佔中」背後的推動及操控者們時至今日仍未承擔應有的後果，實在令人心痛。這一樁樁一件件，令23條立法再度被人們高度關注。本人認為，23條立法應加快步伐，不可縱容一班「港獨」分子繼續作亂，損害香港的利益。

從歷時79天的非法「佔中」，到2016年春節的「旺角暴亂」，再到陳浩天近日竟致函美總統要求取消香港的世貿成員身份，這一系列事件嚴重破壞了香港的繁榮穩定，影響投資者對香港的投資信心，更對香港股票市場造成了負面影響。回想「佔中」造成的影響，巴士改道、學校停課，直接受影響的行業包括零售、旅遊、飲食及運輸業，恒指更受此影響9月份從25,000多點狂瀉至23,000多點，國際炒家做空香港股市獲利超過100億港元……這一切損失，最終都要由香港市民自己「埋單」，而背後的始作俑者卻仍逍遙自在，繼續損害香港的利益。

就像我們明明知道「佔中三丑」在非法「佔中」等一系列事件中扮演的角色，卻遲遲未能讓他們接受法律的制裁。其原因在於，根據香港現有法律，有關舉證需要極大力度，無法讓其承擔應有後果，若對國家安全具有較強針對性的23條能夠成功立法，則會容易得多。

法律缺位所帶來的不良影響，大家有目共睹。主權國家對國家安

全、主權和領土完整極為重視，任何主權國家都不能容忍任何叛國、分裂國土的行為。本人認為，為了維護國家的主權與安全和香港的繁榮穩定，23條立法是絕對有必要的。

有國，才有家。國家安全，政局穩定，才能有我們一直談論和爭取的「民主」與「自由」。相信絕大多數香港市民，亦都期盼着香港能夠更加繁榮安定。23條立法，其目的就在於保護、保障香港社會穩定及安全，讓我們能夠更好地發展。希望政府能夠加快23條立法的步伐，切勿讓「港獨」分子繼續叫囂，損害香港的利益。

70載不忘初心
香港《文匯報》與祖國同心與香港同行

刊登於香港《文匯報》2018年9月10日

轉眼之間，香港《文匯報》這份陪伴我長大的報紙，今年已創刊70周年。

從小，香港《文匯報》這份面向香港社會各界的綜合性主流大報，就一路伴隨我成長，時至今日，它依舊是我每日必看的報紙之一。香港《文匯報》客觀、公正，對中央政府方針政策的解讀十分權威，對港澳台時政及民生的報道十分深入，是香港與內地之間訊息交流、深入了解的重要橋樑。

香港《文匯報》自創刊之日起，便憑藉着其及時準確的報道，獨家權威的新聞，清新樸實的文風，與眾不同的風格，在激烈競爭中脫穎而出，受到讀者的喜愛。在過去的70年中，從見證新中國誕生和發展的歷史，到記載香港踐行「一國兩制」的歷程，再到報道改革開放以來香港與內地社會經濟的發展，香港《文匯報》一直以愛國愛港為宗旨，及時向讀者介紹香港與內地社會、經濟、文化、民生等的最新情況。

回望過去，70年風雨兼程，香港《文匯報》堅持「文以載道、匯則興邦」的理念始終未變；70年日日夜夜，香港《文匯報》「包容、合作、創新、拓展」的辦報準則一如既往；70年奮鬥不息，香港《》「與祖國同心　與香港同行」的激情代代相傳……

如今，香港《文匯報》不但繼續秉持着其愛國愛港、客觀公正的報道理念認真辦報，更憑藉着其在海外華文傳媒合作組織中的領航地位，推出了香港《文匯報》海外版，進一步擴大了影響力。此外，香港《文匯報》順應媒體發展趨勢，積極發展全媒體，為開拓未來開啟了新的航程。

展望未來，相信香港《文匯報》能夠繼往開來，再創佳績。一如創刊65年時，國家主席習近平發來的賀信中提到的那樣，「不斷擴大影響力和公信力，為推進『一國兩制』在香港的實踐，為保持香港長期繁榮穩定，為實現中華民族偉大復興的中國夢，作出新的更大的貢獻」。

中華大地滄桑巨變屢創奇跡

刊登於香港《文匯報》2018年10月4日

　　新中國成立69年國慶日剛過，我們欣喜地度過了這個舉國歡慶的日子。

　　69年，光輝歲月彈指一揮間；69年，中華大地滄桑巨變。

　　69年來，新中國發生了翻天覆地的變化，以更加開放的姿態融入世界。黨的十八大以來，以習近平為核心的黨中央深刻把握新時代中國和世界發展大勢，提出了共建「一帶一路」的宏偉構想，為促進全球共同繁榮、構建人類命運共同體貢獻了中國智慧、中國方案。

　　香港在國家的關心、支持下，在「一國兩制」安排的保障下，持續多年被評為全球最自由經濟體，成為全球最大人民幣離岸業務中心、亞洲最大資產管理中心。從1997年至2016年，香港本地生產總值年均實質增長3.2%，在發達經濟體中位居前列，香港居民男女平均預期壽命雙雙位居全球前列⋯⋯

　　香港要與祖國同行發揮所長共繪中國新時代的經濟發展藍圖，積極融入大灣區發展規劃，做到「積極作為」，增強國家意識和愛國精神，對「港獨」零容忍，維護國家與民眾安全，規避內耗和短視，做好長遠規劃和部署，唯有如此，香港才能搭上國家前進的快車，實現同發展、共繁榮。

　　如今的中國，猶如引吭高歌的雄雞，沖天騰飛的巨龍。像高山一樣的氣勢磅礴；像大海一樣的洶湧澎湃；像青松一樣的高大蒼翠；像

小草一樣的堅忍不拔。

5000 年的蘊涵和積澱，69 年的奮鬥與繼承，磨煉了中國頑強的拚搏意志，再大的風雨也不能使中國的脊樑彎下，中國正用速度和實力創造了一個個奇跡，用堅強、勤勞和智慧抒寫了燦爛的新篇章。

我們為祖國祝福，祝福她明天更加燦爛輝煌，繁榮昌盛！

杜絕「港獨」滲透 肅清校園歪風

刊登於香港《文匯報》2018年10月13日

近年來，「港獨」分子利用大學生播「獨」、煽「獨」的事件層出不窮，更多次造成肢體衝突，使本該是陽光、文明、專注學術的大學校園充斥暴力與對抗，在社會上形成惡劣的影響，實在令人心痛。學校、政府應嚴肅處理相關事件，根除校園「獨」根，重拾大學作育英才的初衷。

校園裡的「港獨」風氣愈演愈烈，極小部分學生屢屢犯禁，衝擊法治。去年中大開學多處出現「香港獨立」標語，引致其他大學民主牆出現同樣標語；今年7月本港8所大學學生會與香港專上學生聯會聯名發表聲明，反對政府依法禁止「香港民族黨」運作；9月，中大、教大等多間大學學生會負責人，在新學年開學禮致辭時宣「獨」；到近日理工大學為阻止「港獨」言論發酵收回部分民主牆管理權，學生圍堵禁錮師長，學生會「騎劫」同學聲音，濫用職權散播「港獨」，背離了成立學生會的原意。民主牆的初衷是依照規章為學生、教員提供發表個人意見的平台，大學學生會則是代表學生與學校溝通的橋樑，如今卻統統成為「港獨」分子用以播「獨」的園地和組織。

教不嚴，師之惰。大學作為高等教育機構享受政府資助，有責任助推社會、文化發展，將下一代培育為優秀人才。這些大學生不能珍惜良好的教育機會和資源，以學生會身份作擋箭牌鼓吹違法主張，多次觸碰國家底線。近來，他們更作出種種狂妄無禮、目無尊長的行徑，前有教大學生貼標語辱教育局副局長蔡若蓮喪子，現有理大學生

圍堵辱罵校領導，顯示了校方嚴正執行校規、處罰教育涉事學生的必要性。沒有規矩，不成方圓，即便是學生會，也要遵守學校訂立的校規和守則。

同時，在推動青少年對國家的認同感方面，政府也應予以重視。本人一向關心本港青年人的成長，除了在學業及就業等方面願予支持和幫助，也鼓勵他們到內地交流，親身感受了解自己的祖國。大學生應當具備社會責任感、國家榮譽感，學有所成就要為祖國發展貢獻力量，而不是捲入無止境的社會內耗上。

「港獨」是不可觸動的紅線，部分「港獨」分子心懷叵測企圖滲「獨」入校園，應被依法嚴肅懲處，讓學校回歸教育的本質與初心。

支持「明日大嶼」 助力香港發展

刊登於香港《文匯報》2018年10月24日

近日行政長官公佈了2018年施政計劃，報告從七大方面對香港未來發展的重點和方向進行了闡述，其中最值得關注的就是「明日大嶼」計劃。「明日」象徵光明和希望，也承載公眾對這項填海工程的期望，相信這一計劃能有效解決土地問題，煥發香港的新活力。

「明日大嶼」計劃好處多多，最重要的就是紓緩土地和住房問題。特首一直表示，房屋問題是首要解決的頭號問題，因此已推出多項房屋政策新措施，如建設過渡性房屋、下調居屋售價至五二折等，但受惠市民始終有限。現在全港有近30萬人輪候公屋，地少人多，房價高企，迫切需要解決住房情況。通過填海，將建造共約1,700公頃的多個人工島，一次性可以供70萬至110萬人居住，讓更多基層市民可以「上樓」，安居樂業。

作為一項大型基建工程，「明日大嶼」助力香港未來發展，邁向經濟新階段。計劃的中部水域人工島，將被打造為「東大嶼都會」，不僅會是香港最大規模的新市鎮，更會是繼中環和東九龍之後的第三個核心商業區，提供超過34萬個就業職位。香港的發展離不開填海，逾百年來，香港已經靠移山填海得到超過7,000公頃土地，佔香港發展用地的四分之一，可以說填海築成東方之珠。填海計劃中的人工島臨近港珠澳大橋和香港機場，填海計劃不僅是建設大灣區的重要舉措，更能進一步提升香港國際金融中心地位。我們這一代人能夠見證「明日大嶼」計劃的誕生與落成，見證香港更好的發展。

面對這項長達二、三十年的計劃，社會各界會有不同的建議，一方面要重視理性的意見，另一方面也要分辨出那些「為反而反」的聲音，甚至歪曲說計劃「倒錢落海」、「掏空庫房」等。經專業人士分析並非如此，政府不僅可以從賣地獲得收入，計劃的撥款也是按年支出，並不存在經費上的困擾。同時，五大專業學會都支持落實項目，他們從專業的角度出發，認為現代先進工程技術，已經能夠相對減少對環境的負面影響。

「明日大嶼」計劃對經濟民生有正面作用，值得公眾傾力支持。廣大市民應全面理解發展規劃，不被個別「為反而反」的說法誤導，這些說法只是以犧牲公眾利益換取政治籌碼。2018施政報告聚焦國家發展大局，為港人港企提供、開拓新商機，我們有理由相信香港明天會更好。

抓住大灣區建設機遇 融入新時代改革開放

刊登於香港《文匯報》2018年10月31日

　　10月23日，國家主席習近平親臨珠海港珠澳大橋開通儀式，並視察廣東地區。習主席在視察時的一番講話，再一次向世界發出了中國改革開放永不停步的信號。如今，國家新時代改革開放已然開啟，而在新一輪改革開放中，國家通過粵港澳大灣區建設為香港更好地融入國家發展戰略提供了新的契機。香港應抓住這一機遇，充分利用「一國兩制」賦予的獨特優勢，發揮香港所長，投身大灣區建設，為國家進一步改革開放作出積極的貢獻。

　　在粵港澳大灣區建設中，香港的定位可謂十分明確。香港是高度國際化的城市，在語言、法律和會計制度上都與國際接軌，是全球領先的國際金融、航運及貿易中心。在「一國兩制」下，香港有自己的經濟、社會制度和法律，資訊與資金自由流通，金融監管制度達國際水平，有良好的金融業發展基礎。航運方面，香港在船舶註冊、稅收政策、自由貿易、國際中轉等具有不可替代的優勢，且在高增值專業海運服務方面發展蓬勃。多年來，香港在上述領域裡累積了大量的專業技術人才、關係網絡及先進經驗。此外，香港的教育及科研實力雄厚，擁有多間世界級的大學，司法和知識產權保護制度健全，擁有發展創科的優勢，可與灣區其他城市形成優勢互補。

　　習主席曾在十九大報告中提出「要支持香港融入國家發展大局」，中央也高度重視港澳在大灣區建設中的地位和作用。香港已不單是「聯繫人」，更是「參與者」，應該更加積極地結合「國家所需」，發揮自身在金融、貿易、航運、專業服務、創科等領域的獨特

優勢,推動大灣區的國際化程度和發展水平,提升大灣區在國家經濟發展和對外開放的支撐和引領作用。

時代國家改革開放包括香港,需要香港,也將進一步成就香港。香港應主動投入國家新時代改革開放進程中,在發揮自身所長,作出貢獻的同時,借國家東風,進一步推動自身繁榮與發展,取得更大的成就。

信賴國家譜寫香港新篇章

刊登於香港《文匯報》2018年11月3日

近期，本人隨港區省級政協聯誼會赴京冀地區參訪，並前往河北省正定縣參訪。本次參訪，讓我們看到了內地近年來的迅速發展，了解到很多習近平主席在正定縣任職時的事跡，進一步增強了我對以習主席為核心的黨中央領導的信心，國家未來發展的信心，和對香港未來前景的信心。

在當地參訪過程中，我們了解到，30多年前，習近平主席在正定任職時，就顯露出了他過人的工作能力和超前的思想意識。那時正定縣還是人們口中的「高產窮縣」，雖糧食產量很高，老百姓卻很貧困。習近平去了之後，一心要讓人民群眾過上好日子，他在3年中走遍了全縣每一個村，充分了解當地狀況和經濟發展中的問題，並提出走「半城郊型」經濟發展路子。在積極招攬人才的同時，他鼓勵大家解放思想，擺脫束縛。在他的帶領下，全縣人民大膽改革，大力開展多種經營。經過3年多的努力，在習近平離開正定時，正定縣不但甩掉了「高產窮縣」的帽子，更成了全面發展的先進縣，煥發出勃勃生機與活力。參訪中我們也看到，多年來，正定縣一直沿着這條「半城郊型」經濟發展路子前進，保持着良好的發展態勢，足見習近平主席當年提出的思路是正確的、有遠見的，且符合實際的。

現如今，在以習主席為核心的黨中央帶領下，中國作為全球第二大經濟體，正走在新一輪改革開放的道路上。習主席親自謀劃的雄安新區和粵港澳大灣區建設，將是新時代國家重點發展的兩件大事。其中，跟香港息息相關的粵港澳大灣區，將以其國際科技創新中心和

「一帶一路」建設重要支撐的規劃定位，成為新一輪改革開放的驅動者和帶動者。根據預測，未來10年粵港澳大灣區將會新增萬億美元的經濟規模，成為世界頂級的城市群灣區。

在新一輪改革開放中，國家需要香港，香港更需要國家。我們不單是「超級聯繫人」，更是參與者、見證者。只要香港相信國家發展，並積極融入到新時代國家改革開放中去，堅守「一國」之本、善用「兩制」之便，找準「國家所需、香港所長」之間的結合點，積極發揮香港國際金融、航運、貿易中心等的地位優勢，及在專業服務、創科等領域的獨特優勢，必將能更好地貢獻國家，造福香港，譜寫新的篇章。

進博會擴大開放與世界共贏

刊登於香港《文匯報》2018年11月5日

　　中國國際進口博覽會接過剛剛落幕的廣交會接力棒，繼續向世界展現中國新一輪對外開放的姿態與信心。作為今年四大主場外交活動的收官之作，進博會的參展企業不僅覆蓋G20全部成員，本次進口展覽品的數量、金額更是國內展會之最。中國向世界張開雙臂，邀請各國共享中國發展新機遇。

　　作為全球第一個以進口為主題的博覽會，進博會是支持中國擴大開放的重要舉措。進博會既是中國對全球發展的重大的貢獻，也是中國建設現代化經濟體系，推動新一輪高水平對外開放的內在需要。此次進博會的展會中，國家展為82個國家和3個國際組織設立展台，企業展則有來自逾130個國家的3,000家企業參展，更舉辦虹橋國際經貿論壇來討論全球經貿發展。展會的八大展區，涵蓋世界各國優質的食品及農產品、醫療器械及藥品、智能及高端裝備等等，據了解，首次進入中國的展品更超過5,000件。普通市民不必走出國門，就能體驗世界各個角落物美價廉的商品，諸如阿里、蘇寧等企業也都準備好了大額採購計劃。此次參展企業有來自G20成員的，也有來自全球最不發達國家的，進博會提供了巨大舞台，供世界各國展示國家形象，同時有利國際間的經貿合作交流，共同推進經濟全球化。

　　逐步降低關稅、主動擴大進口，從「走出去」到「引進來」，從廣交會到進博會，恰逢中國改革開放40周年，這體現了中國深化改革開放的決心。進博會為市民帶來全球商品，激發了市場活力，相信能夠提升內需對經濟增長貢獻率。同時，外國企業也有機會去了解和開

拓中國市場，展現了市場潛力，有助對外貿易的平衡發展。2013年，中國成為了世界第一大貨物貿易國；展望未來五年，預計將合共進口八萬億美元外國商品。在促進全球的貿易自由化、投資便利化方面，中國支持多邊主義，幫助更多國家實現可持續發展的目標。

香港從多方面積極參與這次博覽會，展示香港作為國家與國際接軌的進出門戶和重要樞紐的角色。

發揮香港所長 貢獻新時代改革開放

刊登於香港《文匯報》2018 年 11 月 16 日

　　國家主席習近平日前在人民大會堂會見香港澳門各界慶祝國家改革開放 40 周年訪問團，更在會見中充分肯定了港澳為國家改革開放作出的貢獻，並表示港澳在改革開放的地位獨特、貢獻重大而且不可替代。同時，習主席還對港澳提出「更加積極主動助力國家全面開放、融入國家發展大局、參與國家治理實踐和促進國際人文交流」的四點希望。習主席的一番話，讓我們對國家和香港的未來充滿信心。香港應該繼續發揮獨特地位及優勢，更好地融入國家發展大局中，爭取更好的發展，共同譜寫中華民族偉大復興的時代篇章。

　　香港一直為國家改革開放作出積極的貢獻，其作用及地位不可替代。改革開放初期，面對內地投資環境差、政策不完善、投資前景不清晰，外資猶豫觀望的情況，香港同胞憑藉自己的赤誠之心，輸送了大量的資金、技術、人才和管理經驗到內地，起到了帶頭和示範的作用，為內地改革開放和經濟社會發展作出了積極的貢獻。40 年來，香港作為中國對外開放的重要門戶，始終發揮着聯通內地與國際市場的橋樑作用，亦是內地與海外企業「走出去」與「引進來」的首選中轉平台。

　　在內地改革開放不斷取得進步的同時，國家的飛速發展也為香港提供了更大的發展空間，創造了更多機遇。受惠於內地改革開放，香港的經濟也不斷轉型升級，服務業因製造業北移帶動全面發展，香港亦逐步發展成為國際金融、貿易和航運中心，取得了巨大成就。

中國在過去的40年裏，憑藉改革開放取得了舉世矚目的成就。在這一過程中，香港功不可沒。一如習主席所說，改革開放港澳同胞是見證者也是參與者，是貢獻者也是受益者。未來，我們應該更好地認清自身優勢，主動融入國家發展，發揮好對外開放的重要門戶作用和金融中心的優勢地位，積極參與到粵港澳大灣區建設及「一帶一路」倡議中，堅守「一國」之本，善用「兩制」之利，乘勢而上，大展身手，集中精力發揮更大的作用，為國家發展作出新貢獻。同時，香港要牢牢抓住新時代國家改革開放帶來的新機遇，積極發展經濟，改善民生，進一步鞏固和提升香港的金融、航運、物流等傳統優勢產業，並大力發展新興產業，實現香港更大、更好地發展。

香港提供試驗田 貢獻新時代改革開放

刊登於香港《文匯報》2018年11月26日

在國家改革開放政策的帶領下，中國人民奮勇拚搏一路前行，用自己的雙手和智慧實現了「站起來、富起來、強起來」的偉大跨越。40年來，香港為祖國貢獻的同時，也成就了東方之珠的傳奇故事。展望未來，香港應在國家發展大局中找準位置，繼續為國家所需發揮香港所長。

經過改革開放40年的發展，中國在社會、經濟、文化、國際地位等方面都取得了舉世矚目的成績。1978年，中共十一屆三中全會拉開了改革開放的序幕，中國自此進入了社會主義現代化建設的歷史新時期。走過奮發進取、攻堅克難的40年，我們的社會生產力、國際影響力和人民的生活水平都得到顯著提高。2010年中國成為世界第二大經濟體，2017年我國國內生產總值約佔世界經濟總量的15%，近年來中國對世界經濟增長的貢獻率更是超過30%，名副其實是世界經濟增長的穩定器。撫今追昔，中國在40年間便完成了不少國家需上百年才能實現的現代化進程，這樣輝煌的成就令人欣喜，也殊為不易。

目前，國家經濟發展進入新常態，主張通過深化改革開放，逐步實現共同富裕，如期實現「兩個一百年」的目標。「偉大的變革——慶祝改革開放40周年大型展覽」正在中國國家博物館展出，展覽記錄了改革開放進程中的重要瞬間與美麗景象。過去40年，得益於開放合作的態度和務實穩健的長期計劃，推動全球化經濟發展，實現全面發展互利共贏。中國提出「一帶一路」倡議、構建人類命運共同體的理念，表明了支持多邊主義，反對單邊對抗，堅持和平發展的決心。十

九大描繪了國家發展的藍圖,祖國將承前啟後繼往開來,把國家建成富強民主文明和諧美麗的社會主義現代化強國。

在改革開放的進程中,香港一直根據發展階段需要來扮演不同的角色。從為內地引入人才、資金和管理經驗,到成為國家的國際門戶,香港憑藉「一國兩制」的獨特優勢將內地與世界緊密連接。作為重要橋樑,香港在貢獻所長的同時,也把握住了重大機遇。國家主席習近平在與港澳各界慶祝國家改革開放40周年代表團會面時,提出了4點希望,為香港指明了未來發展方向。在國家新一輪的改革開放中,香港要為新時代發展提供試驗田,繼續發揮好貿易、金融、教育等方面的優勢。

改革開放40周年,國家日益富強,不僅人民的生活得到了顯著提升,對全球經濟增長也提供了重要動力。香港是改革開放的貢獻者也是受益者,未來要積極融入國家發展大局,擔負起新使命新責任,共享祖國繁榮富強的偉大榮光。

堅定捍衛憲法　書寫香江新傳奇

刊登於香港《文匯報》2018年12月6日

　　第五個國家憲法日剛過去，普及憲法精神、推進憲法教育的工作需要長期堅持、全面貫徹。國家主席習近平作出重要指示，強調堅持依法治國首先要堅持依憲治國，堅持依法執政首先要堅持依憲執政。法治是香港社會的核心價值，要維護好香港的法治，首要是尊重憲法和基本法在香港法治體系的權威。

　　尊憲用法，就是要學好憲法，強化法治思維，維護憲法尊嚴，樹立憲法權威。世界上不少國家設立憲法日或是憲法紀念館，正是為了弘揚憲法精神，凝聚社會共識，使憲法深入人心。現行憲法公佈實施以來，得益於憲法的保駕護航，國家改革開放以及現代化建設事業取得世界矚目的成就。憲法有極強的生命力，如中聯辦主任王志民強調，現行憲法是一部與時俱進充分體現改革開放精神和偉大成果的憲法，也必將是一部繼續堅定不移向前推進改革開放歷史新征程的憲法。

　　憲法賦予香港獨特的優勢，是香港「一國兩制」成功實踐的根源所在。自回歸以來，香港就納入國家治理體系，依法治港是依法治國的重要組成。十九大報告更指出，要支持香港特別行政區政府和行政長官依法施政、積極作為，有序推進民主，維護社會穩定，履行維護國家主權、安全、發展利益的憲制責任。憲法是實行「一國兩制」、香港基本法的最高法律保障，為香港融入國家發展大局提供強有力的支持。

　　過去香港對憲法的認識不多，有敵對勢力刻意利用少數港人對憲

法的模糊認識，鼓吹煽動以「兩制」對抗「一國」，影響了香港的繁榮穩定。在特區政府和中聯辦共同支持下，「國家憲法日」座談會連續舉辦兩年，今年全港25所中小學校的師生代表也一同出席，相信通過深入細緻的宣傳工作，憲法一定能夠在香港深入人心。

　　正確認識憲法，有利香港繼續全面貫徹落實好「一國兩制」，堅守「一國」之本、善用「兩制」之利，嚴格按照憲法和基本法辦事，積極融入國家發展大局，在粵港澳大灣區、「一帶一路」建設中將大有作為續書寫新時代的香江傳奇。

加拿大政府應立即釋放孟晚舟

刊登於香港《文匯報》2018 年 12 月 18 日

　　加拿大當局以美國要求為由拘押華為 CFO 孟晚舟一事引起國際廣泛關注。加拿大政府的拘押行為，無論從社會法理，抑或人權公義來看，都是站不住腳的。正如香港法律界人士所指出的，美國以國內法而非國際法提出引渡，本就毫無理據，加上孟晚舟並非美國公民，美國更是無權要求加拿大進行拘押。加方全然漠視中國公民權益，表面義正辭嚴說是履行對美國的國際義務，卻實在理不直、氣不壯。

　　近日，中國駐加拿大大使盧沙野發表署名文章，指出孟晚舟被無端拘押事件，是有預謀的政治行動，是美國動用國家權力，對一間中國高科技企業的政治追殺。加拿大法官在批准孟晚舟保釋的聲明中寫到，逮捕是基於美國的要求；特朗普在接受採訪時亦表明，只要他認為對中美貿易協議有幫助，便會對事件進行介入。泱泱世界大國，卻以中國女士為「人質」作談判籌碼，而加方如此狐假虎威、為虎作倀，西方社會引以為傲的普世價值「司法獨立」又何在？

　　加拿大「代美執法」的魯莽行為已經嚴重傷害了中加人民的友好感情，只有盡快糾正錯誤，無條件釋放孟晚舟，才能挽回加拿大在國際社會上損失的聲譽，修復兩國之間的友好關係。日前，一名加拿大市民向中國駐加大使館送來象徵加拿大的「北極熊」雲杉木，為加拿大政府的錯誤行為，向中國人民致歉。在事實面前，加拿大政府應有知錯就改的態度、懸崖勒馬的決心，立即恢復孟晚舟的人身自由。

關愛青年培養「一國兩制」接班人

刊登於香港《文匯報》2018年12月24日

　　本次香港友好協進會訪京團，十分榮幸能在行程中參觀「偉大的變革——慶祝國家改革開放40周年大型展覽」，更有幸獲得中共中央政治局常委、全國政協主席汪洋，全國人大常委會副委員長王晨及國務院港澳辦主任張曉明等一眾領導的會見。讓我們進一步增加了對改革開放及國家發展的了解，也對祖國和香港的未來充滿希望。更重要的是，充分體會到，國家新時代改革開放的方向是堅定不移的，即使目前遇到困難，但相信只要香港繼續發揮所長，貢獻國家所需，祖國和香港的未來將會越來越好。

　　除了參觀展覽震撼人心，行程中，最發人深省的，便是汪洋主席和王晨副委員長在會見代表團時作出的重要講話。汪洋主席指出，在國家改革開放進程中，香港的地位和作用會越來越重要。他勉勵大家要積極參與國家新時代改革開放偉大事業，全力支持特區政府依法施政，團結香港各界集中精力發展經濟、改善民生，同時要持之以恒關心、關愛青年一代的健康成長，為「一國兩制」事業培養接班人。王晨副委員長則強調，維護國家統一安全是特區政府的憲制責任，中央全力支持特區政府採取有效措施打擊「港獨」。兩位領導的講話，無疑都表現出了對香港發展和現狀的高度關注，也點出了「一國兩制」是保持香港國際金融、航運、貿易中心地位，香港經濟、社會不斷發展的根本。

　　香港的青年工作，一直是中央關注的重點之一，這點在張曉明主任的講話中也有所體現。在張主任提出的四點要求中，最後一點就提

到要加強青年發展，這同時也是汪主席和王副委員長的期望。未來，我們應在向香港年輕人更好地介紹國家發展的同時，積極培養他們的家國情懷，讓他們明白香港是我們的「小家」，祖國是保護着香港的「大家」，只有「小家」穩定，「大家」富強，生活在其中的我們才能安樂。未來，我們要積極培養「一國兩制」事業的接班人，鼓勵他們在國家機遇中找到發展方向，成為建設香港、服務國家的棟樑之才，將來肩負起實現中國夢、促進香港更加繁榮穩定和確保「一國兩制」行穩致遠的責任和使命。

一如唐英年會長所說，「國家堅持改革開放，我們對國家的發展充滿信心。」未來，我們要緊跟國家改革開放步伐，聚焦經濟發展，關心青少年的教育成長，推動兩地交流合作，為國家、香港發展進言獻策，加快推動香港融入國家新時代改革開放中。同時，積極運用自身影響力，以身作則，帶頭支持特區政府依法施政，當好市民與政府溝通的橋樑，維護社會穩定，為香港長期繁榮穩定作出貢獻。

新年創新局面 香港明天更好

刊登於香港《文匯報》2019年1月2日

　　2018年已過，得益於國家作為香港堅強後盾的重要支撐，特區政府積極有為發展經濟改善民生以及全體香港市民的不懈努力，面對錯綜複雜的國際形勢，去年香港經濟繼續保持平穩增長。從政府統計處了解到的數據來看，香港經濟第三季按年實質增長2.9%，連續第八季較過去10年年均增幅2.7%為高，政府預測2018年香港本地生產總值(GDP)實質增長3.2%，失業率亦維持在3%以下，是逾20年來的最低水平。這些數字令我們對經濟表現感到鼓舞，但同時，也提醒我們應珍惜現有的大好發展形勢，在新的一年裡，牢牢把握國家新時代改革開放為香港帶來的機遇，發揮香港所長，滿足「國家所需」，繼續為創造更加美好的未來努力。

　　在過去40年的改革開放進程裡，香港與澳門發揮了重要的作用，在國家新時代改革開放中，香港、澳門依然有着特殊的地位和獨特的優勢。香港應積極發揮自己不可替代的作用，實現新的發展，取得新的成績。「香港好，國家好；國家好，香港更好」，香港要主動融入國家發展，積極參與粵港澳大灣區建設及「一帶一路」建設，做好國家進一步對外開放的重要門戶和橋樑，用好香港在國際金融、航運及貿易中心的優勢地位，乘勢而上，順勢而為，為國家發展作出新貢獻。

　　「一國兩制」是香港最大的優勢，這令香港既享有國家經濟強勁及強大綜合國力的「一國」之利，也有「兩制」運作靈活之便。我們必須堅守「一國」之本，堅定支持特區政府依法施政、積極作為，主

動維護國家主權、安全和發展利益，維護香港社會的和諧與穩定，避免香港陷入政爭和內耗，同時善用「兩制」之利，發揮好與國際對接的制度體系優勢，提升香港競爭力。特別是應集中精力，着力發展經濟、改善民生，進一步推進香港在創新科技方面的發展，為香港經濟提供新的動力。

習近平主席強調，「廣大港澳青年不僅是香港、澳門的希望和未來，也是建設國家的新鮮血液」，香港社會乃至整個國家都對青年寄予厚望。我們應積極開展青年工作，加強青年發展，積極培養「一國兩制」事業的接班人，爭取搭建更多平台，為青少年創造更多上升的機會，鼓勵他們在國家機遇中找到發展方向，成為建設香港、服務國家的棟樑之才，主動了解青年人的所思所想所求，引導他們在大是大非面前能夠作出正確的判斷，不會輕易被人蠱惑和利用。

新年新禧新氣象，香港應在新的一年中開創新的局面，並保持良好的發展態勢，發揮好自身優勢，積極貢獻國家新時代改革開放，做好青年工作，爭取更大、更好的發展。

《國歌法》立法天經地義

刊登於香港《文匯報》2019年1月18日

　　經過一段時間的諮詢及籌備，《國歌法》在香港的實施終於進入最後審議階段，特區政府將於近日提交《國歌條例草案》予立法會審議。在這個時刻，香港又有一小撮人跳出來反對，發表一些歪理邪說抹黑《國歌法》。本人認為，《國歌法》在本地立法是天經地義的事，尊重國歌也是每一個人應盡的基本義務。更何況，對香港而言，《國歌法》既已列入基本法附件三，盡快完成《國歌法》本地立法，不僅是特區政府應當履行的憲制責任，也應是香港維護國家標誌的自覺擔當，更是符合「一國兩制」原則的舉措。

　　中華人民共和國國歌《義勇軍進行曲》誕生於1935年，當時中華民族正處於生死存亡的關頭，它就像一支戰鬥的號角，鼓舞了萬千中華兒女奮起反抗日本帝國主義的侵略，鼓舞大家為了我們的未來而努力奮鬥。國歌，提醒着我們現在擁有的一切得來不易。這個國家、這片土地有太多的英雄，為了我們現在的幸福生活流血過、犧牲過、付出過，它不僅反映了中國人民抗擊外國侵略的歷史，更號召人們要萬眾一心，努力奮鬥，並警醒每一個人「生於憂患，死於安樂」。

　　國歌就如同我們的國旗、國徽，是一個國家尊嚴的標誌和民族精神的象徵，具有政治意義、歷史意義、民族意義和文化意義，值得每一個中國人的尊重與維護。目前已有相關法規維護國旗與國徽的尊嚴，那麼就維護國歌立法是完全可以理解，也是有必要的。事實上，世界很多國家均訂立了維護國歌的相關法例，香港並不是特例。

　　即便是如此毋庸置疑的事，依然有部分反對派藉此大做文章，大肆宣揚一些「立法將影響言論、表達自由；容易讓市民跌入法律陷阱」等的謬論，更提出種種假設，妄圖造成恐慌。對於一個正常人來說，我們在公眾場合聽到他國國歌，都會表示尊敬，為何對自己國家的國歌，反而出現了這麼多種假設？《國歌法》立法的目的，是維護國歌的尊嚴，維護國家的尊嚴。立法是針對刻意侮辱國歌的人，若大家真心實意尊重國歌，則根本無需擔心，又何來反對派所提出的「誤墮法網」？

　　全世界任何一個國家的國民，都必須尊重自己的國歌，這是作為一國公民的基本素質。特區政府本次提交的草案具教育宣導和懲戒功能，相信對維護國歌尊嚴有重要意義。故我堅決支持《國歌法》在港立法，「讓國歌聲莊嚴響起來」。

粵港澳大灣區 港青創業新機遇

刊登於香港《文匯報》2019年2月25日

萬眾矚目的《粵港澳大灣區發展規劃綱要》於2月18日公佈，綱要內容包括建設國際科技創新中心、加快基礎建設互聯互通、建設宜居宜業宜遊的優質生活圈、緊密合作共同參與「一帶一路」建設等等，標誌着粵港澳大灣區建設進入了「快車道」。粵港澳大灣區建設，既是國家新時代改革開放下的重大舉措，也是推動「一國兩制」發展的實踐創新，其內容更是為香港未來發展注入了一劑「強心針」。香港青年應抓住粵港澳大灣區建設機遇，利用好大灣區的人才和資源優勢，全力配合大灣區發展，在融入國家發展大局中追夢圓夢。

粵港澳大灣區建設是由習近平主席親自謀劃、親自部署、親自推動的國家戰略，是新時代推動形成全面開放新格局的新舉措，目標是進一步深化粵港澳合作，統合綜合競爭力，充分發揮三地互補的優勢，推動區域經濟協同發展，建設宜居、宜業、宜遊的國際一流灣區。這對香港來說，將是巨大的機遇。

多年來，香港的經濟發展一直面臨着產業結構單一的問題，本港大量就業機會集中在金融業和房地產服務業。近年來隨着內地深化改革，香港獨特的區位優勢正在減弱。在這樣的大背景下，粵港澳大灣區的建設可以為香港提供更加多的發展機遇，為香港青年帶來更大的創業機會和空間。

綱要中強調，加強多元文化交流融合，促進大灣區青少年交流合

作，在大灣區為青年人提供創業、就業、實習等機會，無疑為香港青年提供了深入了解大灣區的機會。大家應把握時機，積極了解大灣區，親身體驗、探索大灣區內城市，融入國家發展大局之中，更好地實現自己的夢想。

綱要中還進一步明確了港澳青年到內地創業的便利措施、優惠政策等，為香港青年搭上內地經濟增長的「順風車」提供了有利條件。有了大灣區，香港青年創業、就業，將不再局限於香港這1,100多平方公里內，而是放眼大灣區5.6萬平方公里，尋求機會、發光發熱。

面對在「一個國家、兩種制度、三個關稅區和三種貨幣」條件下的粵港澳大灣區，香港勢必將因其「一國兩制」、完全市場化和與國際接軌的經濟制度優勢，發揮不可替代的積極作用，並獲得新的經濟增長空間。隨着港珠澳大橋和廣深港高鐵香港段的通車，大灣區的基礎條件也越來越好。希望香港青年都能把握機遇，找準、發揮好自身優勢，在粵港澳大灣區這一全新的舞台上大展拳腳，創造自己美好的未來。

支持修訂《逃犯條例》 維護香港法治精神

刊登於香港《文匯報》2019年3月15日

　　修訂《逃犯條例》諮詢結束，保安局局長李家超表示，局方會仔細分析每項意見，並盡快向立法會提交草案。相信此次修例能夠有效填補法律漏洞，體現香港核心價值，維護社會公義。

　　保安局建議修訂《逃犯條例》和《刑事事宜相互法律協助條例》，容許以一次性個案方式移交逃犯，由特首發出證明書，以啟動臨時拘捕，並交法院聆訊審批移交令。促使此次修例的契機，是去年港男在台灣涉嫌謀殺女友逃回香港一案。由於香港、台灣兩地沒有刑事司法互助，香港方面不能移交疑犯，只能以洗黑錢罪將他還押候審。有人遇害且證據確鑿，兩地卻未能通過法律程序將疑犯繩之以法，可謂荒謬之極。這意味只要港人在沒有引渡協議的國家或地區犯案，逃回香港便能逍遙法外；又或者港人在香港境內犯罪，一旦逃離香港便又「高枕無憂」。為杜絕本港治安隱患，修訂完善《逃犯條例》確實需要提上日程，否則受害人如何安息？社會公義又如何彰顯？

　　作為國家的一部分，香港也應在此次修例中全面準確貫徹「一國兩制」，把握香港法治核心價值，不能成為法外之地、「逃犯天堂」。根據回歸前通過的《逃犯條例》，香港只能向簽定雙邊協議的國家及地區移交逃犯。目前香港只與20個司法管轄區簽訂移交逃犯協定，仍未與超過100多個國家及地區達成雙邊協定。香港與內地同屬「一國」，在維護國家安全問題上，有「一國」之責、沒有「兩制」之分，在引渡逃犯方面理所應當與其他國家及地區有同類的安排。

對於修訂的「逃犯移交」條例提出把內地、台灣和澳門納入依法移交範圍內，反對派又不分青紅皂白一味反對，不斷以各種歪理製造白色恐怖，以「政府可輕率增加可移交罪行」等論調危言聳聽。為解除市民疑慮，連日來林鄭特首、李家超局長多次發表言論進行解釋，一次性移交逃犯不是一般性的長期移交安排，屬於特事特辦；並且另一司法管轄地須承諾移交逃犯後，逃犯將不會被執行死刑。這樣既保障了疑犯的權利，也不讓罪犯逍遙法外。

「天網恢恢，疏而不漏」。《逃犯條例》第503章在香港已實行超過20年，我們不能再忽視其中的法律缺陷。香港各界應明辨是非，支持政府修訂條例，才能保障社會繁榮穩定。

深入理解兩會精神　增強對未來信心

刊登於香港《文匯報》2019年3月22日

「融入發展創新　同心同向同行——全國兩會精神宣講分享會」3月20日在香港舉行，作為哈爾濱市政協委員，本人有幸出席本次宣講分享會。會上，中聯辦主任王志民發表的主旨演講，使我對兩會精神有了更深刻的理解，對今年兩會取得的重要意義和豐碩成果有了更準確的認識，分享會也進一步加強香港各界對國家發展、對香港未來發展的信心，堅守「一國」之本、善用「兩制」之利，共擔民族復興重任，共享國家富強榮光。

王志民主任在演講中指出，今年兩會先後審議批准了「七個報告、一部法律」，彰顯國家治理體系和治理能力現代化又邁出了新的步伐，生動詮釋了過去一年「我們過得很充實、走得很堅定」。王志民主任並強調，兩會彰顯了以人民為中心的發展思想，習近平總書記六到團組並發表重要講話，增強了我們在以習近平同志為核心的黨中央堅強領導下創造新的更大奇跡的信心和決心。

作為港區政協委員，我們應該深刻領會習總書記的各項重要指示，以更好地為國家改革開放和香港繁榮穩定發揮積極的貢獻作用。

今年的政府工作報告中展示了國家在過去一年中取得的成就，也對今年經濟社會發展目標任務、政策取向和重點領域作出了全面精準的部署，讓我們對國家未來發展充滿信心。報告中一如既往提及港澳，且篇幅更較去年有所增加，這無疑也為香港未來發展釋放出眾多「改革紅利」和「開放紅利」。港人應牢牢把握國家為香港發展提供

的新機遇新空間，緊跟國家發展大勢，腳踏實地，找準「國家所需」，發揮好「香港所長」，融入國家發展大局並實現香港自身更好地發展。

王志民主任還強調，制定《外商投資法》和加快推動粵港澳大灣區建設，是推動形成國家全面開放新格局、推進國家治理體系與治理能力現代化的重大舉措，為香港融入國家發展大局，實現自身更好發展提供了強大動力。

粵港澳大灣區建設進入「快車道」，各項優惠政策的推出，代表中央對香港的關心和支持，為香港青年健康成長創造有利條件。我們要把握機遇，發揮「一國兩制」、完全市場化、與國際接軌的優勢，為落實兩會精神、建設大灣區作出積極貢獻。

「佔中」違法亂港必受懲罰

刊登於香港《文匯報》2019年4月13日

「佔中九男女」被判罪成，罪有應得。2014年79天的違法「佔中」嚴重破壞香港法治、經濟、民生、秩序及香港的國際形象，並給年輕人留下不良的影響等。今次法院判決大快人心，證明法律絕對不能容許違法暴力行為。

法庭的判決，表明「公民抗命」、「違法達義」不是抗辯理由，政治不能凌駕法治，所謂為公義可獲輕判，只是誤導、慫恿市民違法的政治口號。「佔中九男女」包括資深法律界人士及立法會議員，他們知法犯法，還煽動其他人犯法，罪加一等。

這次「佔中九男女」罪名成立，反映香港尊重法治的核心價值，彰顯了法治公義。除了這9名被告外，尚有其他的「佔中」搞手及幕後黑手仍未被檢控。法律面前人人平等，違法就要受到法律制裁，希望政府繼續對「佔中」的違法者採取行動，勿讓其逍遙法外。

「佔中九男女」由龐大的律師團隊為他們辯護，全面保障他們的合法權益，法庭用了18天時間聆訊案件，法官全面審理及充分考慮事實、證據、法律和各被告的抗辯理據，完全沒有政治考慮，獨立公平公正作出判決。市民奉公守法，不用擔心判決會造成什麼「寒蟬效應」。

根據香港基本法、《香港人權法案條例》和國際公約的規定，香港市民享有集會、遊行、示威、結社和言論自由等的權利，但這些權利不是絕對的，必須以合法為前提。「佔中」衝擊法治、破壞公共秩序、危及公共安全，法庭裁決「佔中九男女」罪成絕對合法合情合理，充分體現香港的法治精神。

善用香港優勢 助力大灣區金融科技發展

刊登於香港《文匯報》2019年4月30日

　　近年，隨着科技飛速發展，金融科技的概念逐漸進入人們視野，它不僅是金融業發展的重要動力，也是引領經濟發展的重要動力。粵港澳大灣區發展規劃中，明確了粵港澳聯手推動金融科技的發展方向。香港、深圳乃至整個廣東，發展金融科技創新有得天獨厚的優勢，令粵港澳大灣區具備成為創新金融科技高地的條件。面對機遇，香港應該發揮自身優勢，積極促進大灣區城市群的互聯互通、深度合作，以實際行動推動大灣區金融科技發展，從中取得更大更好的發展。

　　香港地理位置優越，位處亞太地區心臟地帶，背靠祖國，是連接內地與全球市場的橋樑。香港應充分發揮優勢，積極舉辦金融科技主題的相關活動，如論壇、會議、考察等，為金融、科技界領袖菁英搭建溝通交流、經驗分享的互動平台。同時，做好國家雙向開放的橋頭堡，積極加強大灣區金融創科企業與國際的交流，協助內地金融創科企業落地香港，通過香港走向世界，並推動香港企業在大灣區開拓業務，服務內地市場。

　　作為全球公認的國際金融中心，香港的市場成熟穩健，資金自由流通，監管高效、透明，基礎建設完備，城市管理先進完善，具備高度發達的資訊和通訊科技產業，加之多年來吸引大批的金融專才、投資者、金融科技的創業家，是發展金融科技的理想之地。

　　所以香港應積極利用自己在金融、科技方面的先進經驗，整合大

灣區資源，為科研項目創造對接機會，促進創科成果轉化。同時，積極與業界分享金融科技、創科創新的市場資訊，為業界提供培訓、學習和提升能力的機會。

香港法制健全，與國際接軌，檢測和認證服務也備受國際肯定。隨着大灣區的發展和不斷開放，涉外的商業糾紛必然會出現，在檢測驗證方面也會有新需求。香港應該促進大灣區與金融監管部門、國際認可的驗證機構合作，協助大灣區針對金融科技的應用技術、安全及產品建立一套國際認可的認證體系，規範金融科技的應用和安全標準，建立公眾對已獲認證企業的信心，推動大灣區金融科技發展與國際領先水平接軌。

香港教育制度先進，培養了大批金融和科技人才，而大灣區也正正需要這樣的人才。故香港應積極鼓勵、支持青年人參與大灣區發展，投身金融科技行業，積極為大灣區，特別是香港青年提供各種學習、實習、發展的機會，為在大灣區就業、創業的青年提供協助，助他們實現自己的夢想，並爭取在大灣區發展的過程中，培養出一批全面的金融創新科技高端人才。

參與粵港澳大灣區建設，推動金融和創科發展，是本屆特區政府的工作重點。相信大灣區因其豐富的創新因素、成熟的資本市場及完備的產業體系，將會成為金融科技及業務創新的港灣，也會為香港帶來新的機遇，促進香港由聯繫人轉變為更積極的參與者。

發揚五四精神 為中華騰飛奮鬥

刊登於香港《文匯報》2019年5月4日

一百年前，由於西方列強入侵，封建統治腐敗，國家落後，人民生活苦不堪言，青年為救亡圖存，發起轟轟烈烈的五四運動，愛國精神是五四運動留給我們的寶貴財富。

傳承愛國精神，培養愛國情懷。本人前不久參觀了「慶祝中華人民共和國成立七十周年——紀念五四運動一百周年圖片展」，重溫了一百年前的愛國運動，切實感受到當時愛國群眾的民族情感。五四運動激發廣大民眾、工商人士、青年學生的愛國情感，追求民主科學進步，把握時代命運。「利於國者愛之，害於國者惡之」，愛國精神延續百年，應當薪火相傳。

五四運動走過的一百年，歷經了抗戰勝利、新中國成立、改革開放成功實踐、香港順利回歸等重大事件，經過幾代人的不懈奮鬥，如今中國實現從「站起來」、「富起來」到「強起來」的偉大飛躍。作為中華兒女有責任了解中華民族歷史，增強民族自豪感和文化自信。

在百年求索的征途中，香港始終與祖國緊密相依。了解國家歷史，認識國家發展形勢，便知香港的機遇所在。香港背靠祖國，面向世界，又擁有「一國兩制」的制度優勢，香港青年擁有廣闊的實踐理想舞台。粵港澳大灣區建設穩步推進，港珠澳大橋、高鐵香港段已經通車，粵港澳城市之間的距離拉近，對於港人生活、工作的便利與發展有目共睹。香港青年應當把握「一帶一路」和粵港澳大灣區給予的巨大機遇，傳承五四運動的愛國精神，為中華之騰飛而奮鬥。

市民反暴力挺修例意向堅決清晰

刊登於香港《文匯報》2019年5月14日

「5．11」反對派議員暴力阻撓立法會修訂《逃犯條例》法案委員會會議，上演胡鬧耍潑一幕，導致保安、秘書、建制派議員等多人受傷。反對派議員將暴力帶入議會，嚴重破壞香港法治，嚴重損害香港形象，有其不可告人的目的，反對派議員阻撓修例，意在為刑事罪犯留後路，以政治凌駕公義，偽善荒謬無倫！

反對派為了一己私利、為了向「洋主子」邀功，不惜撕破道貌岸然的假臉耍潑，浪費公帑包庇罪犯，反對派阻撓填補法律漏洞的修例，破壞香港核心價值及社會公義。

反對派議員知法犯法，不單違反立法會議事規則，並有可能已觸犯香港法例第382章《立法會(權力及特權)條例》第十七條C段及第十九條A。

對反對派議員此次在立法會流氓無賴的暴力行為，香港各界強烈譴責，要求警方嚴正執法，將有關違法者，特別是傷人者繩之以法，給受害人一個交代，讓社會公義得到彰顯！

此次反對派議員暴力衝擊議會，集體上演「武鬥」，傾巢而出，使用黑社會暴力威逼的手法，阻礙會議進行，暴露出反對派視阻止修例是關乎他們能否敗部復活的「最後一根救命稻草」，為令法案委員會寸步難行，他們狗急跳牆毫無底線，所謂的民主素養、道德規範早已蕩然無存。這亦說明議會改革迫在眉睫，同時讓大家看清反對派阻撓修訂《逃犯條例》的罪惡用心，更明白修訂《逃犯條例》的必要性

和重要性。反對派一再擾亂議會,令市民力挺修訂《逃犯條例》的意向更為堅決,目前已有逾24萬多人網上簽署撐修例。

對於修訂的「逃犯移交」條例提出把內地、台灣和澳門納入依法移交範圍內,反對派一直不分青紅皂白一味反對,不斷以各種歪理製造白色恐怖,以「政府可輕率增加可移交罪行」等論調危言聳聽。香港各界應進一步明辨是非,堅決支持政府修訂條例,以保障香港社會繁榮穩定。

理性支持修例 拒絕「佔中」重演

刊登於香港《文匯報》2019年6月12日

　　反對派策動反修例的遊行，最終演變成暴力衝擊，企圖阻塞交通，這些行徑實在令人痛心疾首，長此以往，香港的繁榮穩定休矣。修訂《逃犯條例》本意是為堵塞法律漏洞，彰顯司法公義，但該草案卻一直被反對派抹黑，更有甚者，以誣衊內地司法制度作為反修例的借口，實在可恥可笑。

　　政府已經多次指出，修例是因應本港少女台灣遇害案而提出，目的為完善法律、堵塞法律漏洞，避免香港淪為「逃犯天堂」。在基本法保障下，香港司法獨立，修例後移交逃犯須經法庭把關，修例符合法治，保障人權自由。

　　《條例草案》規定，在處理移交請求前，有關罪行必須同時是香港和提出請求的司法管轄區法例內訂明的罪行；罪行不涉及集會、新聞、言論、學術自由或出版自由。此外，政治罪行不移交；或因種族、宗教、國籍或政治意見而被檢控也不移交。如此清晰、明確的界定，反對派視而不見，一路「扮盲」，完全為反對而反對，以政治凌駕公義。

　　更可笑的是，反對派「倒打一耙」，以「諮詢期太短」阻礙修例，企圖激起社會不滿。事實上，造成如今局面的，正是反對派自己。修例建議早於今年2月已經提出，隨後召開的多次會議上，反對派不斷阻撓會議召開，現在又稱時間倉促，實在荒謬。

　　反對派不斷發表危言聳聽的言論，利用公眾對修例不甚了解，斷

章取義，散佈各種不實言論，製造恐慌，不斷煽動民眾，無非是不希望《條例草案》通過。明眼人更看得出，其中不乏外國勢力參與其中，打「香港牌」作為貿易戰的籌碼，打着所謂「人權」、「自由」的旗號公然作亂，破壞香港當前良好局面，牽制中國崛起，以達到不可告人的目的。

當年「佔中」的惡果歷歷在目，一切損失，最終要香港市民自己「埋單」，相信沒有人願意再經歷「佔中」道路癱瘓、學校停課、股市大跌的日子。相信市民能夠以和平、理性的態度看待修例，不被一小撮別有用心的人利用。

回歸理性實現香港更好發展

刊登於香港《文匯報》2019年7月5日

有示威者以極端暴力手段衝擊立法會大樓，破壞香港的法治精神。筆者希望警方必須依法捉拿暴徒，同時社會盡快回歸理性，在互相尊重的基礎上，協商解決問題，維護繁榮穩定。

香港作為一個多元社會，在一些問題上有分歧並不奇怪，求同存異，共同發展，這正是香港的可貴之處。如果破壞了法治理性的核心價值，香港深陷政爭，發展必然停滯甚至倒退。啟德百億地皮撻訂，有外企擱置來港上市，足以反映香港局勢不穩的不利影響。國際競爭激烈，香港的地位隨時會被競爭對手取代，這絕不是港人願見的。

筆者接觸到不少年輕人，絕大多數都能理性分析事物，能夠看清反對派製造、糾纏政爭的目的。政府應多聆聽、尊重年輕人的訴求，關心了解他們的需要，為年輕人創造更多上升的機會。事實上，特區政府已經作出承諾，改革管治風格，更用心聆聽和吸納社會各界不同意見，特別是聆聽年輕人的心聲，市民對此拭目以待。

國家近年來不斷為香港創造更多融入國家發展的機會，粵港澳大灣區規劃、「一帶一路」倡議，為香港發展提供更加廣闊的平台。近期，民政事務局的青年發展基金，推出多項資助計劃，鼓勵、協助有意到內地、到大灣區發展和創業的年輕人，相信這類的機遇將越來越多。

國家和特區政府提供機遇，香港的年輕人也要主動把握，積極提升自我，深入了解國情和兩地優勢，開闊自己的視野，把國家所需、

香港所長和個人理想結合起來，準確定位自己的發展方向，實現更好發展，取得更大成就。

希望大家明白，暴力無助解決問題，只會令香港沉淪。只有保持法治、穩定，香港才能更好地發展經濟，改善民生，創造更美好未來。

發揮自身優勢 打造金融科技領航者

刊登於香港《文匯報》2019年7月15日

　　隨着移動支付、手機銀行等這類涉及金融科技的服務日益被人們所熟知，大家也越來越體會到金融科技為人們生活帶來的快捷和便利。長遠來看，金融科技更可以為企業創造無限可能和商機。縱觀紐約灣區、舊金山灣區及東京灣區的發展歷史，政策、資源、人才，三者缺一不可，而香港恰恰在上述方面擁有這得天獨厚的優勢。面對粵港澳大灣區規劃帶來的空前機遇，香港應積極結合自身優勢，努力推動創科發展，將香港打造成為金融科技的領航者。

　　建設粵港澳大灣區是習近平總書記親自謀劃、親自部署、親自推動的國家戰略，中央政府在今年2月公佈了《粵港澳大灣區發展規劃綱要》，提到香港要鞏固和提升國際金融、航運、貿易中心和國際航空樞紐地位，強化全球離岸人民幣業務樞紐地位、國際資產管理中心及風險管理中心功能，推動金融、商貿、物流、專業服務等向高端高增值方向發展，大力發展創新及科技事業，培育新興產業。規劃綱要中還提到進一步提升粵港澳市場互聯互通水平，擴大大灣區內人民幣跨境使用規模和範圍等等。這意味着大灣區不單可為香港的金融業和金融科技服務提供一個龐大市場，亦可提供創科的資源和力量。加之特區政府近年來也不斷推出各項優惠政策，加強大灣區在金融科技方面的合作，如金融管理局早於2017年已經和深圳市金融發展服務辦公室簽訂諒解備忘錄，在落地支援、實習計劃、交流活動等方面加強合作，以期推動金融科技加速發展。可以說香港大力發展金融科技正逢其時。

香港地理位置優越，擁有世界三大天然良港之一維多利亞港，地處亞太地區心臟地帶，背靠祖國，具有獨特的區位優勢。香港亦是全球公認的國際金融中心，市場成熟穩健，資金自由流通，金融法規清晰，監管高效、透明，是國內外金融機構理想的落腳點之一。另外，香港的基礎建設完備，城市管理先進完善，交通發達，是高度國際化的大都市。在「一國兩制」的制度優勢下，香港是內地企業「走出去」和將國際上的資源「引進來」的最好橋樑。

多年來香港因其獨特的語言環境和制度，吸引了全世界大批的金融專才、投資者、金融科技的創業家，並且具備多間世界一流學府，教學品質優良、與歐美等國家教育接軌，足見其在人才的聚集和培養方面深具優勢。

誠然，香港在發展金融科技方面有着明顯的優勢，也有着需要解決的問題。大灣區是在「一個國家、兩種制度、三種貨幣、三個關稅區」的條件下建設的，香港與大灣區其他城市在金融科技方面的合作尚處於起步階段，如何在不同制度下加強合作，實現城市群的互聯互通、深度合作，乃至融為一體，實現資源要素的無障礙自由流動和地區間的全方位開放合作，需要籌劃的不少。例如交通發展，如何實現大灣區城市間的錯位發展等等。不過，相信隨着大灣區規劃的逐步實施，這些問題終將迎刃而解。香港現在需要把握機遇，發揮「一國兩制」優勢，利用自身的先進經驗，對接資源，充分發揮香港國際金融中心優勢，積極促進業界交流及大灣區與國際交流、接軌，不斷提升香港在金融創科方面的力量，以助力大灣區的金融科技發展，將香港打造成為一個蓬勃的金融科技生態圈。

共同維護香港繁榮穩定

刊登於香港《文匯報》2019年8月3日

6月以來的一連串遊行、示威,已逐漸由和平變成暴力衝突,且情況愈演愈烈,香港社會可以說面臨動盪和不安。這一系列暴力衝擊,無疑破壞了香港的法治,嚴重影響了市民生活,部分地區的市民更有「人人自危」之感,居民無法安居樂業。長此以往,香港將在無盡的內耗中日漸沉淪,親手賠上我們曾擁有的優勢和競爭力,如此,我們將付出慘痛的代價。在此,我再次呼籲全港市民,看清真相,認清事實,無論什麼樣的訴求,都不應訴諸暴力。只有認真發展經濟,改善民生,才能解決香港的各種問題。

香港享有前所未有的民主權利和全世界範圍內少見的廣泛自由,年輕人表達對社會問題的不同意見和訴求有很多種渠道,但無論如何,表達意見應以尊重法治、和平理性為前提,不應以暴力表達意見,更不能以破壞香港的法治與繁榮為代價。包圍香港立法會、堵塞道路、癱瘓交通、攻擊警員、衝擊警方防線,7月21日,更有一部分激進示威者圍堵香港中聯辦大樓,污損國徽,這已經遠遠超出了和平理性表達意見的範疇。

法治,一直是香港良好營商環境的基礎,香港一直以來都以最安全城市、國際金融中心、旅遊天堂而聞名世界,但連日來的暴力衝突以及此後發起的一系列「不合作運動」,更嚴重影響了香港居民的日常生活和工作,令社會撕裂日益加劇。受到連日來的暴力衝突影響,香港旅遊業表現下滑,外資在港經商和投資的意慾減退。包括新西蘭、日本和英國等國在內的數個國家更新了對香港的旅遊建議,更有

逾十個國家及地區發出針對香港的旅遊警告；香港更在最新公佈的「中國最安全城市排行榜」中，直接由榜首跌出了前10名。須知香港作為一個以外向型經濟為主的經濟體，營商環境、營商信心有所下降，將會嚴重影響本港的經濟發展。根據政府最新數據顯示，踏入6月整體旅客量增幅僅8.5%，較5月減少逾半；當中非常明顯的是，6‧12暴力衝擊後，旅客量由升28.2%轉為倒跌 4.3%。另根據工聯會估計，暴力示威活動已造成全港三分之一，即129萬就業人口的生計受損。這一切無不顯示着，這場風波正在蠶食着香港在國際市場上的優勢，和多年來積累下來的「家底」。

回歸以來，中央始終堅持貫徹「一國兩制」、「港人治港」、高度自治的方針，亦積極為香港提供各項機遇，讓香港更好地融入國家發展。我們應積極抓住這些機遇，加速發展經濟、改善民生，為年輕人的發展創造更好的條件。若香港繼續深陷政治泥沼，繼續亂下去，最終傷害的，還是香港市民的全體利益，而最後為這些損失「埋單」的，也是全港市民自己。

在此，我誠心呼籲，請大家和平理性看待近期發生的事情，看清事情的嚴重性，共同抵制暴力，阻止激進分子繼續禍港、亂港，爭取讓社會早日重回理性，讓香港盡快走出政治紛爭。讓我們共同維護香港的繁榮與穩定，力爭將香港建設得更好、發展得更好，共同創造更加美好的未來。

市民團結起來表達反暴力強大民意

刊登於香港《文匯報》2019年8月20日

香港的亂局已持續兩個多月，一幕幕亂象令人痛心，暴力衝擊越演越烈，將一個被國際公認最安全、法制最健全的國際都市，變得陌生、危險、令人恐懼，難道這就是我們要的香港？亂局已影響到全社會，很多事情讓人匪夷所思，無法無天，再亂下去，香港還有希望嗎？癱瘓交通，遊客卻步，商場閉戶，人心不安，股市大跌，數百名警員和無辜市民受傷，數百萬市民生活在憂慮中，經濟受損嚴重，再亂下去，香港能有明天嗎？

香港是個法治社會，市民一貫是通過理性和平表達訴求，希望為了我們共同的家行動起來，齊發聲表達我們的7大訴求：止暴亂：「亂夠了」，停止無休的非法遊行、集會、佔路；「停暴力」，停止一切暴力衝擊行為；「勿擾民」，停止影響市民日常生活的「不合作運動」；「止破壞」，停止污損國旗國徽、破壞警署和公共交通設施；「守法治」，恢復守法傳統，勿自毀「一國兩制」；「阻撕裂」，不同政治取向的市民不再互相攻訐；「返正軌」，社會回到正軌，政府改革向前。

香港已經遍體鱗傷，不能再忍氣吞聲、姑息縱容。我們要支持行政長官和特區政府依法施政、盡快止暴制亂，在社會民生上改革向前，令市民生活得更好。香港人應攜手同心，為了自己也為下一代，向暴力和亂象勇敢說不。

國家和特區政府一直重視關心香港的青少年，通過各種途徑，給

予各種政策，創造各種平台，提供各種機會，撥出專項資金，想盡各種辦法為青少年的學習、成長以及今後的發展作出努力、大力支持，我們相信大部分的香港青少年是愛國家、愛香港、更會愛自己的，一定會分辨是非、與違法行為切割，做有理想、有正義、守法治的有用之才。

最後，呼籲香港社會各界充分表達反對暴力、維護法治、確保香港繁榮穩定的心聲，廣大市民一起來守護香港這個700萬人的共同家園。

香港決不能再亂！希望香港市民團結起來，行動起來，止暴制亂，向暴力和亂象勇敢說不！

青年辨清是非 珍惜把握前途

刊登於香港《文匯報》2019年9月9日

　　修例風波已持續3個月，暴力衝擊帶來的，不僅僅是城市基建的損壞，社會的撕裂，還有本港經濟及國際聲譽的嚴重損害。倘若再這樣下去，勢必將傷害廣大香港市民的切身利益和根本福祉，而我們也終將要自己承受這樣的苦果。筆者希望，廣大青少年能夠看清近期動亂的本質和實質，釐清真相，早日回歸理性，恢復法治，為自己的前途和香港美好的未來，與這些亂港的激進分子劃清界線。

　　這場風波逐漸從和平示威變成暴力衝擊，明眼人都看得出，事情早已「變質」。受到持續暴力事件影響，在近日公佈2019年全球城市安全指數中，香港的排名已由兩年前的第9位跌至今年的第20位。另據政府統計處近日公佈的數字顯示，本港7月份零售銷貨總值僅為344億元，按年跌11.4%，為2016年以來單月最大跌幅；而8月份的整體市況更差，旅遊區零售表現按年跌超過50%，若遇示威遊行，單日生意更暴跌70%至80%。據業內人士指，最近兩個月全港酒店收入下跌約30%；香港中小型企業總商會調查亦顯示，暴力衝擊令生意下跌。以上種種，無不顯示着，暴徒們的行為，正對香港的經濟、民生和發展造成傷害，若再這樣持續下去，勢必將進一步影響外國投資者對香港的信心，影響香港未來的發展。

　　表達訴求的方式和渠道有很多種，但無論如何，都應以尊重法治、和平理性為前提，不能以暴力表達意見，更不能以破壞香港的法治與繁榮為代價。相信大家不難看出，這場鬧劇當中不乏外部勢力的影子，他們不斷製造並利用香港的亂象，來達到不可告人的目的。所

以，我們應盡快與這些暴徒做明確分割，不要成為被外部勢力輕易利用的棋子。

現下香港的當務之急，是停止暴力，恢復秩序，努力發展經濟和改善民生。其實國家近年來為香港更好地融入國家發展提供了不少機會，例如粵港澳大灣區規劃、「一帶一路」倡議等。同時，特區政府也一直致力於為香港的年輕人創造和提供機遇，如推出「青年內地實習資助計劃」、「青年委員自薦計劃」，設立「青年發展基金」及「青年共享空間計劃」等等，積極為青年提供擴闊視野及人脈的機會。年輕人，當以學習為主，唯有自己足夠強大，才能更好地抓住機遇，取得更好的發展。

暴力衝擊對香港造成的破壞觸目驚心，若長此以往，我們將賠上香港所擁有的優勢和競爭力，而一切損失，最終都要由市民自己承受。希望香港的年輕人能夠辨清是非，不要再被他人利用，在一切還來得及的時候，珍惜現在擁有的機會，把握好自己的前途，共同創造香港更加美好的未來。

守護香港我們共同的家園

刊登於香港《文匯報》2019年9月25日

香港素有「東方之珠」的美稱，多年來，我們一同在這裡學習、工作和生活，享受着這裡便利的交通，優美的環境，良好的治安和豐富的美食。香港，是我們共同的家。而近幾個月來，這個家卻一步步淪為政治鬥爭的舞台，每每看到我們平時生活的地方被大肆破壞，就令人食不知味，寢食難安。家，應該是大家共同守護的地方，無論有怎樣的理由，都不應該破壞我們的家。只有家好，我們生活在其中才能幸福，安樂。

香港多年來一直都以最安全城市、國際金融中心、旅遊天堂而聞名世界，更享有前所未有的民主權利和全世界範圍內少見的廣泛自由。法治與自由是香港核心價值，更是香港良好營商環境的基礎。而最近頻頻發生的暴力衝擊，令香港往日的繁榮與穩定受到了嚴重的影響。特別是自7月底起，香港機場受多起公眾活動影響，更是嚴重損害了香港在國際上的形象。在近日公佈2019年全球城市安全指數中，香港的排名已由兩年前的第9位跌至今年的第20位。另根據資料顯示，8月1日至8月21日，香港國際機場的客運量約為416萬人次，減少人數高達54萬人次，較去年同期下跌超過11%，而貨運量較去年同期也下跌約14%。據香港商務及經濟發展局局長邱騰華在8月23日記者會上公佈的資料，已有31個國家對前來香港發出旅遊提示，近期與訪港旅遊相關的數字亦急劇滑落。

香港市民擁有的令人羨慕的安穩生活，是經過幾代人的辛勞付出才換來的，我們應珍惜現有的安穩生活，並積極維護香港的繁榮穩

定，而不是以一些冠冕堂皇的理由肆意破壞它。當然，對於年輕人有獨立思想，有敢於創新求變的勇氣，我們喜聞樂見，但人亦要對自己的行為負責任，破壞公物，襲擊警察，甚至在鬧市區縱火，這些行為絕對不是表達意見的正途。

其實，國家一直都很關心香港的發展，並為香港提供着源源不斷的支持。自香港回歸以來，中央始終堅持貫徹「一國兩制」、「港人治港」、高度自治的方針，也為香港更好地融入國家發展提供了不少機會，例如粵港澳大灣區規劃、「一帶一路」倡議等等。香港應用好自己「世界金融中心、區域物流中心及國際航運中心」的地位，積極把握機遇，整合資源，發揮好「香港所長」，貢獻「國家所需」，為香港未來取得更好的發展而努力。

香港近來確實面臨一些困難，但回顧過去，我們也曾經歷過亞洲金融風暴、SARS疫情等難關，這些難關在香港人的團結努力下，在中央的一系列政策支持下，都一一克服了下來，我們的經濟、民生不但逐步走出低谷，更穩步發展，實在難能可貴。通過此次風波，相信特區政府也看到了自己的不足之處，將努力加以改進，特別是會加強與年輕人的交流，為年輕人創造更好的平台。所以，若全港人民能夠團結一致，共同守護香港，守護我們的家園，相信在中央政府和祖國內地的大力支持下，香港一定能夠戰勝前進道路上的各種困難和挑戰，重回寧靜、繁榮，並取得更大、更好的發展。

為國家成就自豪　與祖國同心發展

刊登於香港《文匯報》2019年10月2日

今年是中華人民共和國成立70周年。在過去的70年間，中國人民披荊斬棘，奮勇向前，迎來了從站起來、富起來到強起來的偉大飛躍。

自成立以來，中國在金融、交通、健康、消費等方面都發生了質的飛躍。從現金支付到刷卡，再到移動支付，中國的金融科技和金融服務不斷升級。移動支付，已成為內地的主流支付方式，更領先於全球。僅2018年「雙11」，全網移動端交易規模達到2,942億元人民幣，移動端交易佔全管道交易的比例躍升至93.6%。內地高鐵營運里程、公路總里程、港口貨物吞吐量、集裝箱吞吐量等指標上，均穩居世界第一。健康方面，1949年，內地人均預期壽命為35歲，至2018年增長到77歲。70年來，內地的消費領域發生了歷史性巨變，2018年最終消費支出對國內生產總值增長的貢獻率達到76.2%，為經濟平穩運行做出了重要貢獻……這一個個數字，都在向世人證明着中國如今的發展成就與實力。

過去的70年間，新中國發生了翻天覆地的變化，更以愈加開放的姿態融入世界，在對外開放中，展現大國擔當。自黨的十八大以來，以習近平為核心的黨中央深刻把握新時代中國和世界發展大勢，提出了共建「一帶一路」的宏偉構想，為促進全球共同繁榮、構建人類命運共同體貢獻了中國智慧、中國方案。這些發展變化，無不讓我們感到自豪。

在為中華民族偉大復興不懈奮鬥的歷史進程中，香港也從未缺

席。在過去的70年間，香港始終與祖國同發展、共命運。

當前，香港正面臨着發展新機遇，粵港澳大灣區規劃、「一帶一路」倡議、廣深港高鐵運營、港珠澳大橋開通，為香港開啟了大發展的戰略機遇。香港要積極抓住粵港澳大灣區和「一帶一路」倡議賦予的機遇，發揮自己不可替代的作用，堅守「一國」之本，善用「兩制」之利，做好國家進一步對外開放的重要門戶和橋樑，用好香港在國際金融、航運及貿易中心的優勢地位，乘勢而上，順勢而為，為國家發展作出新貢獻。

同心協力守望美好家園

刊登於香港《文匯報》2019年10月17日

香港，是我們共同的家園。然而這段時間一系列暴力事件的發生，對本港的經濟、國際聲譽等產生了相當的影響，對普通市民的生活、工作也產生了很大的衝擊。曾經以法治、安全、自由聞名世界的香港，卻在短短4個月間變得面目全非。香港亟需一個走出困局的方案，但無論怎樣，暴力絕對不是解決問題的方法。

我相信，絕大多數年輕人在走上街頭、表達意見的時候，其出發點是好的。香港作為一個言論自由的社會，和平、理性地遊行表達意見，是香港的常態。我們也非常開心看到身邊的年輕人有獨立思想，有敢於創新求變的勇氣。我們也都曾年輕過，亦能夠理解年輕人關心香港發展，希望未來能夠更好。對這些真心為香港好，理性表達意見的青少年，我們要真誠的關心他們，愛護他們，守護他們。但對以暴力來搞破壞者，我們要堅決說不，因為這始終不是正途，而是違法的，會害了和毀了青年一代。

要知道，作為一名年輕人，前程是十分重要的。暴力破壞自己學習、生活和今後工作的地方，等同於自毀前程。靜心想想，若香港真的經濟崩潰，法治損害，繁榮不再，那生活在其中的我們，又是否還能「有工開，有飯食，有前途」，有真正的幸福？所以，我真心希望，年輕人能夠走出政治的迷魂陣，將自己的滿腔熱誠和智慧，通過正確的方式用於香港的未來發展上。一如習總書記所說的「年輕人站得高一點，想得闊一點，多從國家主權、自身安全及個人前途發展的角度思考，珍惜香港和自己的前程。」

　　在世界上任何一個國家，青少年都是被支持和愛護的對象。但是，愛護並不等於縱容。正因為青少年是社會的未來，所以，當所謂的表達意見已經變質成打、砸、搶、燒時，大家不去糾正他們，而是任由他們繼續錯下去，那麼這種「愛護」，恐怕是一道「催命符」，讓這些年輕人誤入歧途，也會將香港社會帶入萬劫不復的深淵。

　　就我接觸到的香港年輕人來說，其實他們當中的絕大多數是非常優秀的，不但有學識、有能力，更有獨立思考、理性看待分析事物的能力，能夠採取和平、理性的方法去表達自己的訴求。對於這些理性表達合理訴求的年輕人，我們應為他們提供更多上升的機會，聆聽和尊重他們的需求，關心、愛護、了解他們的需要。另一方面，廣大青少年朋友也應珍惜自己的前途，理性思考，堅決與暴力切割。同時，利用好國家為香港提供的各項機遇，積極融入香港和國家建設。相信只要我們同心協力，團結一致，反暴力，愛和平，香港一定能夠戰勝各種困難和挑戰，並取得更大、更好的發展。

有效止暴制亂 重回發展正軌

刊登於香港《文匯報》2019年11月4日

　　過去幾個月來，香港發生了一系列暴力事件，對本港的社會秩序、法制基礎、國際聲譽和經濟民生均造成極大的傷害。上百間餐廳結業，零售業數字大幅下滑，本港前兩季經濟增長近乎為零，着實令人擔憂。我認為香港的當務之急，止暴制亂為先，只有有效止暴制亂，維持法治秩序，香港才能回復秩序與穩定，重回發展經濟、改善民生正軌。

　　自6月以來，香港的經濟嚴重下滑，可謂百業蕭條。特別是零售行業，8月本港零售數字對比去年同期整體下跌23%，預計下半年及明年年初都會受到影響。根據最新公佈的數字，本港第三季GDP按年跌2.9%，差過預期，為10年來首次錄得季度按年跌幅。經季節性調整後按季比較，實質本地生產總值繼第二季跌0.5%後，第三季跌幅擴大至3.2%，顯示香港經濟已步入技術性衰退。此外，國際貨幣基金組織也大幅下調今年香港經濟預測2.4%至0.3%，是亞洲區內增長速度最差的經濟體。長此以往，香港的金融產業也將受到衝擊，一直引以為傲的國際金融中心地位或發生動搖。

　　金融服務業是香港最重要的經濟支柱之一，佔本地生產總值約六分之一，並提供約25萬個職位，一旦香港的金融業受創，那帶給香港整體經濟的影響將是毀滅性的。相信我們都不希望看到，香港的經濟民生和多年來建立的國際聲譽跌到谷底。

　　國家一直為香港提供各種各樣的發展機遇，包括「一帶一路」、

粵港澳大灣區等等，是本港強有力的後盾。就拿粵港澳大灣區來說，根據預測，2035年粵港澳大灣區僅人口就能從現在的7,500萬增加到一億；未來17年，粵港澳大灣區將成為世界一流灣區。這巨大的人口紅利和美好的發展前景絕對值得香港積極參與其中。此外，粵港澳大灣區因其產業發展空間與地理發展空間大，也將是港青發展的沃土。

中央政府今年2月公佈的《粵港澳大灣區發展規劃綱要》中提到，香港要鞏固和提升國際金融、航運、貿易中心和國際航空樞紐地位，強化全球離岸人民幣業務樞紐地位、國際資產管理中心及風險管理中心功能，推動金融、商貿、物流、專業服務等向高端高增值方向發展，大力發展創新及科技事業，培育新興產業。如果香港能用好自己的各項優勢，勢必能在粵港澳大灣區建設中大展拳腳。

希望大家能夠明白，只有香港回歸寧靜，保持繁榮和穩定，才能更好地發展經濟，改善民生，而這，才是大家共同的心願。香港現在應該積極把握各種發展機遇，盡快恢復平靜，保持住自己國際金融中心的地位，繼續利用好自己在制度、人才積累、基礎設施等方面的優勢，融入國家發展，爭取創造更加美好的未來。

人權法案以民主之名行亂港之實

刊登於香港《文匯報》2019年11月27日

　　美國國會火速通過《香港人權與民主法案》，以全球最自由民主排名第17的身份來對排第3的香港說三道四。法案將香港的政治、經濟、貿易等事務納入美國監管，分明是公然挑戰中國對香港的全面管治權，也是對香港民眾權利的踐踏。我們應該看清，美國只是將香港當成遏制中國崛起的一枚棋子，法案不會帶給香港更大的自由民主，只會為香港加煩添亂。

　　過去數月，有些美國政客無視香港客觀事實，無視香港的撕裂，更無視香港居民對社會繁榮、穩定、人權、民主和關愛的追求，不斷向特區政府施壓，無非就是想將香港培養成對抗中國的一枚棋子，好讓自身在中美貿易戰中擁有更多的談判籌碼。

　　利用本國法律干涉別國內政、實行長臂管轄，這對美國來說不是首次，已是慣常伎倆。數十年來美國從未停止過搞「人權外交」，我們難道還不能從伊拉克、利比亞、烏克蘭到敘利亞這一個個慘痛的例子中，看清美國政客的虛偽和險惡用心嗎？

　　此法案一旦生效，絕非有些人宣傳的「是一場勝利」，而是「搬起石頭砸自己的腳」，是讓已飽受內憂外患的香港雪上加霜。法案將香港獨立關稅區的特殊地位與香港的人權、自由、民主狀況掛鈎，要求美國政府未來每年審視香港自由情況，按需要調整美國對香港的貿易特別待遇，這無異於親手給了美國一柄隨時可以傷害香港的武器。要知道，香港若失去獨立關稅區地位，將嚴重影響本港作為國際金融

中心的根基，更會影響投資者在香港的信心。借有關法案妄圖破壞香港的國際金融中心、貿易中心和航運中心地位，也必將損害包括美國在內的世界各國企業在港利益。

《香港人權與民主法案》，再一次暴露了美國一些政客無視國際法和國際關係基本準則，企圖以其國內法干涉他國內政的狼子野心。而法案也不可能為香港帶來真正的自由、民主，恐怕只會為「攬炒」火上澆油。在此，我也奉勸一些別有用心的政客認清事實，只有「一國兩制」，才能使香港保持並發揮其獨特的優勢。我堅信，在中央政府的支持下，香港定能戰勝前進道路上的各種困難和挑戰，一些美國政客策劃的這場反華亂港的鬧劇，必定以失敗收場！

澳門行香港行 「一國兩制」行

刊登於香港《文匯報》2019年12月19日

在澳門回歸祖國20周年之際，看到祖國南海之濱的小城澳門在二十年間締造了驚人的發展奇跡，從回歸之初到2018年澳門特區人均GDP增長4.5倍，超過8.3萬美元，位列全球第二；失業率下降4.5個百分點，從6.3%降至1.8%；到2018年底，特區政府累計財政盈餘增長193倍⋯⋯澳門能取得如此成就，充分說明「一國兩制」在澳門是可行的，是成功的。

澳門之所以能成功，一是中央堅定不移貫徹落實「一國兩制」、「澳人治澳」、高度自治的方針，為澳門保持繁榮穩定指路引航、提供源源動力；二是澳門社會各界全面準確理解和貫徹「一國兩制」方針，堅定維護憲法和基本法權威，堅定維護國家主權、安全、發展利益，傳承愛國愛澳核心價值，社會持續保持和諧穩定，使澳門經濟快速增長、民生持續改善；三是澳門積極融入國家重點發展戰略，「一帶一路」建設、「十三五」規劃、粵港澳大灣區建設等，為澳門保持繁榮穩定指路引航、提供源源動力。加上規劃的推進，使澳門地位日益顯現。

社會和諧穩定，才能保障經濟發展、民生改善，這是任何國家或地區發展的基本規律。儘管港澳情況有一定差異，但澳門成功實踐「一國兩制」的寶貴經驗，對香港還是有重要的啟示意義。

中央對香港一直以來親切關懷、悉心指引、大力支持，給了許多特殊政策，加上香港自身有很多獨特的優勢，只要香港各界全面

準確理解和貫徹「一國兩制」方針，堅定維護憲法和基本法權威，堅定維護國家主權、安全、發展利益，傳承愛國愛港核心價值，社會一定能持續保持和諧穩定，香港經濟一定能快速增長、民生一定能持續改善。

澳門行，「一國兩制」行，香港亦行，只要全體市民達成共識，共同維護香港繁榮穩定的大局，香港欣欣向榮的景象很快會再現世人面前。

新年擦亮眼睛　齊心保港安定

刊登於香港《文匯報》2020 年 1 月 6 日

2020 年已經到來，面對新的一年，香港市民真正的憧憬和期盼，是社會安定、和諧繁榮，發展經濟、改善民生，重振香港、再創輝煌。

回望已過的 2019 年香港面臨的複雜及嚴峻局面，社會動亂給香港造成前所未有的重大損傷，形象遭損壞、經濟遭打擊、法治遭重創、社會遭撕裂、和諧遭破壞、發展遭阻礙等。

香港市民一定要擦亮眼睛，分辨是非，了解真相，不受矇騙，真正看到這場動亂的本質是以美國為首的外部勢力與本地反華勢力的聯手，藉修例風波以達到更大的政治圖謀。整件事情是在中美戰略博弈及台海局勢日趨緊張的大環境之下發生的。再加上美國通過的《香港人權與民主法案》，不但令美國有國內法作為工具來插手香港事務，本地反華勢力也會不斷拉攏外部勢力延續鬥爭。

除外部鬥爭外，香港內部政治衝突也無法避免。此次修例風波所引發的政治對立和政治仇恨暫難化解，反對派的「五大訴求」還有四項未滿足，他們會持續藉此機會鬥爭。在反對派看來，延續武力衝突就能延續部分人對特區政府和警察的仇恨，有利他們今年的立法會選舉。再加上今年香港經濟依然惡劣，反對派又會挑撥更多「反政府」情緒，並將加強阻撓政府施政，藉此引發民眾對政府不滿。總之，這一切都是內外反華勢力的圖謀，其用心險惡，圖謀搞亂香港，影響內地。香港是我們的家，作為香港市民，決不能允許任何損害我們家的行為延續下去，否則最後受傷害的就是我們自己。

　　我們相信並值得樂觀的是，修例風波中有不少人是因內外反華勢力的宣傳，而形成一種所謂過度又沒有事實根據的恐懼和仇恨。經過長期暴亂後，越來越多人會逐漸認識到這場暴亂背後的本質，並意識到繼續鬥爭下去只會令香港承受越來越多損失。而且此次中央並無插手，這讓之前宣揚「中央要摧毀香港」「要損害香港高度自治」「要破壞『港人治港』」等論述，越來越站不住腳。因此部分人會對反對派所灌輸的恐懼感，作出基於現實的思考。

　　相信市民對暴力衝擊的取態會有重大轉變，而這種變化一定會出現。時間越長，民眾越能看清楚暴力的本質，以及香港的核心利益在哪，這將對反對派越來越不利，也離他們所希望達到的目標越來越遠。

　　只要大家齊心協力反暴力，不讓暴力繼續蔓延，香港一定能重回正軌。以往香港都能克服困難、轉危為機，相信只要大家齊心努力，定可跨過當前困難。

　　國家主席習近平在發表新年賀詞時表示：「沒有和諧穩定的環境，怎會有安居樂業的家園！真誠希望香港好、香港同胞好。香港繁榮穩定是香港同胞的心願，也是祖國人民的期盼。」這是深情關懷，這是真誠祝福，這是殷切希望！在新的一年，我們同向、同行，「只爭朝夕，不負韶華」，同心再出發！

向堅守崗位履行職責的醫護致敬

刊登於香港《文匯報》2020年2月18日

在疫情肆意的時期，人們關心着病患者的救治，更緊盯着屏幕和相關訊息，特別為那些堅守崗位奮戰在醫院一線的醫護人員和工作者們，揪心、感動、流淚。

特區政府、香港各界及全體市民通過各種途徑，向堅守奮戰在醫院及疫情防控崗位的所有醫護人員，致以崇高的敬意，對他們道一聲「感謝你們！請多保重！」

堅守在一線的香港醫護人員，他們處在醫療救治的最前沿，同時間賽跑、與病魔較量，爭取把一個個生命從死神手中奪回，他們靠的是精湛的醫術、專業的操守、神聖的職責，是被口罩勒到破皮的臉頰、被汗水浸到泛白的雙手，他們是香港新時代最可愛的人，最令人敬佩和敬重的人。

向堅守在醫療崗位一線醫護員工致敬。他們在本來吃緊的醫護服務崗位，頂着部分罷工醫護的工作任務，堅守崗位，連續加班苦熬，對病人不離不棄，繼續奮戰，對此我們更應予他們更多的支持，「待在家、少出門」，「不聚集、別熬夜」，少聽謠言，不添麻煩，以實際行動配合醫護的工作，為香港抗疫取得最後的勝利做各自應做的事情。

向在關鍵時刻堅守崗位的醫護人員致敬、向為抗疫出錢出力的各方人士致敬……正是有了他們的堅守、奔忙，我們才得以安心地在家裡「宅」；正是因為他們主動把自己置於危險之中，我們才能夠享受到來之不易的安全。在疫情防控阻擊戰中，在救死扶傷關鍵時刻，他

們是當之無愧的英雄！

這些堅守崗位履行好職責的醫護人員，並非就是鋼鐵超人，他們也是有家室，和你我一樣，他們也是有血有肉、有名有姓的普通人。歲月靜好的日子裡，在人群中你分辨不出誰是英雄，可一旦危機來臨、寧靜不再，關鍵時刻總有一些人挺身而出。這就是英雄的模樣：我們常常看不清他們的臉，因為他們總是站在我們前面。

對於這些堅守在平凡崗位，守職責的醫護人員，我們除了致以崇高敬意，建議特區政府保障好他們的身心健康，做他們的堅強後盾。做好醫護物資的供應和分配，讓他們「手中有糧，心中不慌」；在待遇、保險等方面提供最優保障，解決他們的後顧之憂。及時關注一線醫護的身心狀態，從實質上予以充分的關護。全體市民都要聽從醫囑、響應號召，切實做好自身防護，不給一線添亂，不讓醫護人員的汗水白流。

這一場大疫，讓我們發現了身邊的平凡英雄，也給「香港為什麼能戰勝疫魔」的問題提供了最好答案：正是這些無私奉獻、英勇奮戰不忘職責堅守崗位的專業醫護。他們的肩膀，成就了香江的過去；他們的堅守，也是香港抗疫勝利的期望。

在此亦希望香港市民同舟共濟，守望相助，堅決譴責那些在疫情持續擴散、全港上下正合力抗疫之際，別有用心煽動醫護人員罷工的部分害群之馬。最後，再次向堅守崗位履行職責的香港醫護人員致敬！

抗擊疫戰 中國必勝

刊登於香港《文匯報》2020年2月22日

新冠肺炎疫情發生後，習主席非常重視，統一指揮部署，全國上下迅速打響了一場疫情防控的阻擊戰。

四面八方的愛心像潮水一樣湧來，支持武漢，支持湖北，支持有疫情的地方，且一呼百應，愛心接力，捐錢捐物，這場愛的接力也是民間的力量，的確，點滴善舉，都能匯聚成光。

疫情期間，全國還有很多志願者，主動請纓加入到各疫情防控的隊伍中。他們不分晝夜奮鬥在抗疫的不同崗位上，盡職盡責為抗疫取得最後勝利而努力。廣大志願者的愛心付出，讓民眾感受到城市的溫暖，也增強了眾志成城、共渡難關的信心。

海外的中華兒女，情繫桑梓，愛心從五湖四海源源不斷地匯聚，大家只是隔着屏幕從網上查看國內疫情的情況，每個人心裡都越來越焦慮，都想為同胞做點什麼。有籌集募捐資金的，有想方設法採購醫療物資設備的，有想盡辦法解決運送物資到祖國的各種渠道，以最快的速度將這些抗疫急需的醫療設備、物資第一時間運抵國內抗疫前線，給抗疫帶來極大幫助，正是這樣一個個「有限」匯集成了無窮的力量。

國內各省市更充分體現「一方有難，八方支援」的精神，亦是一份融入中國人血液的信念。全國各省區市的物資、醫療隊一批接一批落地湖北。尤其是人民子弟兵醫護人員更是衝鋒在前。至今，各地和軍隊共派出了幾百支醫療隊，幾萬名醫療隊員支援湖北。一個個數字

背後，是一段段「逆行者」們的動人故事。他們克服千艱萬苦，冒着生命危險，夜以繼日戰鬥在這場疫情防控阻擊戰的最前線，湖北勝則全國勝。「豈曰無衣，與子同袍。」從醫療隊馳援，到防護用具、生活物資調撥，全國各地支援湖北，不計回報，傾囊相助，只因我們血脈相連，只為我們共同勝利的目標。

香港在防疫抗疫這場戰役中，從特區政府到全港市民都作出巨大的努力，尤其是那些堅守崗位，履行職責的醫護人員，他們為抗疫作出貢獻，值得我們敬佩。我們堅信香港市民團結一心，守望相助，定能一起戰勝困難。

疫情無情，人有情。疫情形勢的積極變化鼓舞人心，只要全國上下再接再厲、英勇鬥爭，毫不放鬆做好疫情防控工作，我們完全有信心、有能力、有把握打贏這場疫情防控的人民戰爭、總體戰、阻擊戰。抗擊疫戰，中國必勝！

防疫「寧緊莫鬆」 齊心抗疫必勝

刊登於香港《文匯報》2020 年 3 月 4 日

香港新冠肺炎疫情持續，世界衛生組織日前亦點名讚揚香港及新加坡雖無全面封關，仍能有效應對疫情。當然，香港不能有任何鬆懈，除了要加強有效防疫措施外，全體市民更要提高防患意識，嚴防死守，共渡難關。

現在公務員已陸續復工，但必須有嚴格的防疫具體措施，特別是直接服務市民的部門，一定要注意人流及接觸的安全，在確保服務的情況下，盡量通過網絡服務，減少接觸。盡量安排輪流上班，減少傳染和被傳染的風險。

疫情還沒完全受控，但街上的人流開始增加，尤其是周末、假日，商場、超市、鬧市區更是人頭湧湧，不少市民一家大小出動，似乎沒有發生過疫情一樣，反映部分市民的防疫意識鬆懈了。人流重新聚集，疫症傳染的風險增大，這個道理顯而易見。非常時期，市民還是要盡量減少外出；商場、超市最好採取限定人流，避免人多聚集，對大家健康、安全負責。

目前應對新冠肺炎，全球尚未有特效藥，為了市民的生命安全健康，為了遏制病毒傳播，政府針對疫情，採取措施堵住病源，強制隔離有關人士，實在無可厚非。事實證明，這些措施行之有效。

在中央的高度重視及有效舉措下，內地抗疫已取得明顯成效，不少省市疫情受到控制，未有進一步蔓延。香港只要大家配合，上下齊心，防疫「寧緊莫鬆」，抗疫必定勝利。

抗疫空前團結　中國將更強大

刊登於香港《文匯報》2020年3月14日

面對今年這場突如其來的疫情，在中央正確領導，習主席的親自部署指揮下，全國上下萬眾一心，共同抗疫，疫情逐漸得到控制，前線頻傳捷報，各省市陸續開始出現確診病例和疑似病例清零的振奮人心的好消息！

這說明病毒疫情瘋狂肆虐的時間已終結，病毒正一天天被壓縮。毫無疑問，如今病毒疫情已經陷入了人民「戰爭」的汪洋大海之中，而全國已經建立起對付這個看不見的敵人的強大防禦網絡。

重中之重的湖北、武漢戰「疫」將取勝，則全國勝。湖北、武漢為了贏得這場戰「疫」，全國迄今向湖北省緊急派出200多支醫療隊，總共超過2萬名醫護人員，尚未包括軍隊派出的醫療力量，這樣的支援力量肯定是全世界最近幾十年最大的一次醫療人員和物資的瞬間匯集。

在中華兒女的認知中，不管遇到什麼艱難險阻，他們的名字始終都是：中國！這樣的民族思維方式，對於西方人來說是無法想像的事情，中國人有着強烈的民族歸屬感和中華文明的認同感，無論自己的國籍如何改變，他們始終堅信自己是龍的傳人。這種文明認同源於數千年歷史，它造就了中國獨一無二的國家和社會觀念、家庭觀念、祖先崇拜、文化道理等，幾千年來，讓中國人牢牢團結在一起，歷經苦難而愈發輝煌的正是中華文明。

在這場疫情危機中，這樣的力量再次湧現。來自海外的華人幾乎

把全世界的防疫醫療用品購置殆盡運往國內。有不少外國網友感歎：從這場危機中，讓我們感受到這樣的一個民族是永遠無法被戰勝的，因為他們太可怕了，他們太團結了。如此龐大的國家對危機的應急反應能如此迅速，社會動員能力如此驚人。更主要的是他們每一個人為能戰勝疫情貢獻各自一分力量而自豪，人民堅定不移地跟着國家一致奮戰疫情，步調如此協調統一！我們有理由相信在這場危機過後中國將變得更為強大。

當然，這場疫情展現出中國人面對危機的瞬間動員能力和團結的力量，但也看到存在的問題。有人說這場疫情是檢驗中國歷經40多年來平穩發展的一次大考。雖然在整體上我們取得了很好的成績，但是也要對其中不足進行好好的反思，包括那些不喜歡負面信息、常常希望將之淡化的態度，以及各地對維護社會祥和氛圍的過度在意。形式主義是個頑疾，一些處在重要位置的人不敢擔當，不敢根據實際情況強有力決策，遇事扯皮、往上推也是問題。

希望這次災難對我們社會的動員力形成新的洗禮，我們的國家從此變得更加強大且具有韌性。沒有什麼能夠摧垮我們，邁過了這場疫情危機以及在這場危機中所揭示的缺陷的這道坎，中國面對各種挑戰將更有體制力量，應對上更加從容，21世紀的中國將不僅強大，而且充滿活力，步伐穩健。

養成文明生活方式抗擊疫情

刊登於香港《文匯報》2020年3月25日

　　隨着疫情的變化與外輸病例的增加，防控要持續深入，市民的防控意識、清潔意識要不斷提高，愈加注重培養健康文明的生活習慣。

　　養成文明的生活習慣，能夠為阻隔病毒傳播壘起一道防線。據專家介紹，新冠病毒傳播途徑：一是飛沫傳播，二是接觸傳播，前者借由噴嚏、咳嗽、說話產生的飛沫「口口相傳」；後者則沿着物品表面 -- 皮膚接觸 -- 黏膜感染這一脈絡「層層遞進」。另有公開資料顯示，4% 至 6% 的痰跡中帶有結核菌；手指頭表面約有 10 萬個細菌……從這個角度講，培育勤洗手、戴口罩、咳嗽掩口鼻等良好的生活習慣，無疑是社會公眾預防病毒感染、掐斷傳播通道的重要方法。

　　抗「疫」的特殊時期，培養一套新的生活方式並非難事；但回歸正常生活秩序後，已經提升的文明水位也可能又降回去。原本那種交錯的圍桌合餐，卻要堅持「分案而食」，有人難免覺得少了些熱鬧的煙火氣；在流感多發季戴好口罩，也不乏有人會覺得「出洋相」「瞎矯情」。殊不知，每個人都是健康的第一責任人。種種文明習慣既是對自己的保護，同時也是對他人的尊重。這就需要每個人在知識和理念上除舊佈新，在日拱一卒的自省與自律中主動培育文明習慣，將文明風尚轉化為社會共識和集體行動。

　　一套文明習慣的形成，既需要自律，也需要他律；既需要好言好語的諄諄勸導，更離不開制度條例的剛性規範。倘若僅僅停留在「倡議」「呼籲」的語言層面，缺乏真招實招的外在約束，很可能難以產

生實效。比如，看到有人亂扔垃圾，自己為圖省事就有樣學樣；看到環境髒亂差，自己的文明舉止也跟着急遽「退化」。現雖對不文明行為，制定了相關條例，針對隨地吐痰、公眾地方吸煙等行為作出明確處罰規定，得到市民的認同和支持；其他國家和地區亦有相關規定，懲處違背公共秩序與公共健康的行為。事實證明，只有依照法制，亮出嚴厲的態度和處罰來，才能倒逼對文明習慣的敬畏，並將之內化於心、外化於行。

只有保持文明生活習慣，才能夠助力抗擊疫情；疫情防控工作的開展，也是培育文明生活習慣的重要契機。如果我們能在防疫期間養成良好衛生習慣和文明生活方式，並將其保持下去，無疑將為今後生活留下一筆文明的精神財富。

中國倡國際聯防聯控防疫展現大國風範

刊登於香港《文匯報》2020年4月8日

　　新冠肺炎疫情已在全球加速蔓延，國際社會需要攜手面對這一全人類的共同危機。國家主席習近平早前在北京出席二十國集團領導人應對新冠肺炎特別峰會時，發表題為《攜手抗疫　共克時艱》的重要講話，指出「攜手拉起最嚴密的聯防聯控網絡」、「積極支持國際組織發揮作用」、「提振世界經濟復甦士氣」……習主席的講話，是共商全球抗疫的中國方案，也是助力全球抗疫的「強心劑」，在海內外引發熱烈反響。

　　在重要講話中，習近平主席向二十國集團領導人介紹了中國政府的相關做法。「經過艱苦努力，付出巨大犧牲」，中國取得疫情防控的階段性重要成效。中國率先有效控制疫情，為世界積累了豐富經驗、爭取了寶貴時間，這是國際公認的事實，也是廣大民眾引以為豪的「大國擔當」。現國內的工作和生活已經基本恢復正常，這是全中國人民共同努力的結果！

　　國際社會亦高度評價中國抗疫成果。正視事實、客觀理性的國際聲音一致認為：中國抗疫取得了舉世矚目成效，為全球抗疫帶來希望。不少國際人士紛紛為中國「點讚」。一是對中國在確保做好防控的前提下，中國復工復產正在有序進行，為穩定全球產業鏈、供應鏈發揮重要作用，提升了國際社會對全球經濟發展前景的信心。二是中國穩步復工復產，提高口罩、防護服、呼吸機等抗疫物資的產量，對打好這場疫情防控全球阻擊戰十分重要。

習主席峰會上向與會各方發出四點倡議：「堅決打好新冠肺炎疫情防控全球阻擊戰」、「有效開展國際聯防聯控」、「積極支持國際組織發揮作用」和「加強國際宏觀經濟政策協調」。倡議言簡意賅，字字有力，就凝聚全球戰疫合力起到重要引領作用。有網友評論說：「同舟共濟，守望相助，世界人民一定能徹底戰勝疫情！」還有網友評論：「這才是大國該有的風範！」另有網友評論：「有助於各國縮小認識差距，相互協調行動，加強抗疫合作」、「充分展現了負責任大國擔當以及團結協作應對危機的重要性」……

人類命運共同體是「良方」

海內外多家網絡媒體還對「四點倡議」進行深層次解讀。包括不少網絡發表評論《「四點倡議」為全球貢獻中國智慧》。針對「加強國際宏觀經濟政策協調」這一倡議，評論解讀說：「在你中有我、我中有你，世界經濟緊密關聯的時代，穩定全球產業鏈、供應鏈，需要各方加強宏觀經濟政策協調，採取必要的財政、貨幣和結構性政策，推動市場開放，確保全球供應鏈開放、穩定、安全和順暢運行，提振市場信心。」倡議全面涵蓋疫情防控、抗疫援助合作、資訊共享、穩定世界經濟金融等各項工作，為全球攜手抗疫、共克時艱豐富了「工具箱」，指明了方向。有專家指出，中方在峰會上提出的四點倡議，毫無保留地奉獻出抗疫經驗。一方面尊重、支持、依託國際組織，另一方面提出加強疫情防控資訊共享、宣導協調宏觀經濟政策，這是中國參與、引領全球治理的重要表率。

在抗疫的關鍵時刻，中國理念引發全球共鳴。有網友熱議「人類命運共同體」。網友「不走尋常路」感慨：「疫情當前，全人類更能深刻體會什麼是全球互聯互通，什麼是命運共同體」、「人類命運共

同體匯聚了世界各國人民對美好生活的共同嚮往，深得人心。」

各種微博話題「人類命運共同體」已有超過8,000萬次閱讀、2.2萬次討論。在微博留言中，「大國風範」和「高瞻遠矚」是高頻詞。網友們更加堅信，人類命運共同體理念不是空洞的概念，而是實現全球治理的「良方」。

面對嚴峻疫情 加強心理疏導

刊登於香港《文匯報》2020年4月9日

一場突如其來的新冠肺炎疫情讓人人緊張、恐慌，幾十天過後香港由於海外人員的輸入倒灌，使疫情漸趨嚴重，總病例急增到近千例，市民的生活、工作又趨於嚴峻。此時，既要注重疫情防控，又要對更廣泛的市民進行心理疏導，防止因為疫情產生進一步的恐慌、焦躁等負面情緒，影響個人和社會的心理穩定。這次疫情中，無論是患者及其家屬，還是一線醫務人員和隔離市民，乃至全體港人，都在不同程度上承受著心理衝擊。如不及時疏導和調適，有可能演變成心理健康問題。

要注重對病患的心理疏導。救護，不僅要救，更要護。護不僅僅是對身體的護理，還要注重對心理的護理。除了對得病患者要做好心理疏導，不要產生恐慌情緒，覺得「天塌下來」，結果茶不思飯不想，整天幽怨不已。否則，這種情緒對救治病情毫無益處，反而可能加重病情。有一個良好的心理狀態，對於治療疾病，恢復身體健康有著極大的助益。因此，在治病救人中，一定要注重對患者的心理安撫，幫助患者樹立信心，早日恢復身體健康。

要注重對醫護人員的心理疏導。在防控疫情中，醫護人員首當其衝。香港的醫護人員及戰鬥在不同抗疫前線的勇士們，還有那些自告奮勇的自願者，他們勇敢「逆行」，沖在抗擊新冠肺炎疫情的前線。厚厚的防護服，人手不足，長時間的水米不進，隨時可能到來的搶救，醫護人員承受著巨大的生理和心理壓力。種種艱難困境也會打擊醫護人員的心理承受能力。雖然醫護人員是治病救人的白衣天使，但

是天使也要休息，也應該得到必要的心理疏導，幫助他們排出負面情緒。精神飽滿地投入到醫護中，才能救治更多病人。

要注重對市民的心理疏導。尤其各社區。特別是對近日來各種群組的傳染，暫時關閉的消遣場所，原本熱鬧的酒吧等，市民沒重要的事情少出門，暫時隔離在家守法規。這些是防控疫情的需要，也是廣大市民應予自覺配合的。但是，隔離在家，並不意味著萬事大吉。疫情本身就造成了住宅小區的惶恐，又隔離在家，各種各樣的心理問題就會出現。有的人會擔心自己是否感染，自己嚇自己；有的人會情緒焦躁，與家人發生衝突……凡此種種，都需要進行心理疏導。只有全體市民積極配合，主動自覺防疫抗疫，香港這座國際都會才能盡快恢復往日的繁榮，這其中更加需要對市民做好心理疏導，幫助他們走出心理創傷，積極生活。

大家應看到，香港社會已經注意到這些負面的心理情緒，特區政府相關部門、醫療隊等也需加強這方面的工作，配備專業的人員幫助患者、醫護人員和市民進行心理疏導。心理疏導不能只是「一頭熱」，必須實現多方聯動。專業機構和社區等有關方面進行合作，建立包括心理咨詢、心理治療等不同分級的聯動服務體系。同時，宣傳工作也應納入未來的規劃當中。讓市民對心理疏導有更清晰的概念，能夠主動尋求心理疏導，並根據實際情況找到適合自己的心理疏導「歸口」。

這工作當然不是一朝一夕就可以完成的事情，疏導和治療是一個過程，需要調動多方力量。專業的心理醫生、心理咨詢機構、懂得心理疏導的社會工作者等都應該被動員起來，運用他們的知識和技能，幫助人們化解面臨的心理問題。

團結一心破困局 提振信心再出發

刊登於香港《文匯報》2020 年 4 月 23 日

香港去年經歷黑暴亂港及今年新冠疫情肆虐，遇到前所未有的困難，在關鍵時刻，香港特區政府公佈系列強力措施，撐企業、保就業、紓民困，着眼穩人心、提信心，邁出突破困局、克難前行再出發的堅定步伐，向全港市民發出了共度時艱的真誠信號。

受各種因素影響，香港經濟下行壓力增大，內外需求疲弱，整體投資開支下跌，今年本地生產總值可能呈負增長，衰退風險上升。去年暴力行為加今年疫情，如雪上加霜，讓香港經濟遭遇更加嚴重的無妄之災。

商舖關門激增，零售、餐飲和旅遊業苦不堪言。黑暴亂港已使香港的國際形象遭損毀，備受好評的營商環境顯著惡化。疫情下暴力亂象仍持續發生，已進一步傷及基層民生，企業尤其中小企業營運和資金周轉受到影響，普通民眾保「飯碗」的壓力加劇。整體經濟的困境將傳導到就業市場，香港整體失業率已達歷年新高。

面對亂象與困局，面對不安與憂慮，必須要穩人心、提信心，積極回應求穩定、求安寧的最大民意。特區政府推出發展經濟、改善民生的有力紓困舉措，體現了對廣大香港市民利益福祉的高度關切和責任擔當，釋放了以民為本的真誠善意。信心比黃金更珍貴，精準施策帶來的不僅是真金白銀，更展現了特區政府與社會各界、廣大市民一道挽救香港的信念，為香港萬眾一心再出發注入了信心。

發展是香港的立身之本，也是解決香港各種問題的金鑰匙。香港

已經不起折騰與內耗了。此刻的香港最重要的是團結一心、和衷共濟，堅決杜絕暴力之惡，反對那些不顧民生及發展、將一切政治化的操作，重新將心力凝聚起來，聚焦發展要務，守護和建設好香港這個共同家園。這才是符合香港廣大市民利益福祉的最大社會正義。

港青應繼承五四愛國奮鬥精神

刊登於香港《文匯報》2020年5月7日

百年前的五四運動，折射出愛國、進步、民主、科學的精神，是中華民族百折不撓的民族精神的生動寫照。新時代的香港青年應有什麼樣精神、姿態接過歷史的接力棒、跑好下一程才能不辱使命呢？

習主席說過，愛國，是人世間最深沉、最持久的情感。首先香港青年要繼承和弘揚百年五四的愛國精神。愛國主義是中華民族精神的核心，也是偉大五四精神的核心。愛國，在不同歷史時期有着不同的具體內容和體現方式，但歸根到底，都是對祖國發自內心的忠誠和熱愛。當前香港青年必須樹立國家觀念，必須要有家國情懷，懂得分辯是非，立場堅定，勇於同危害國家、香港的一切反動勢力作堅決的鬥爭，維護國家、香港的根本利益，用實際行動證明，新時代的香港青年是好樣的，是堪當大任的。

二是要繼承和發揚百年五四的奮鬥精神。奮鬥，也是香港「獅子山精神」的核心。香港能夠發展成為享譽世界的現代化都會，正是一代代香港人奮鬥打拚的結果。奮鬥，應當始終成為香港青年引以為傲的精神品格。香港青年要志存高遠，腳踏實地，用奮進者的姿態實現人生理想。香港青年應能夠穿越歷史風雲、讀懂國家成長。真正了解認知中華民族是怎樣經過幾代人的艱苦奮鬥從站起來、富起來到強起來的偉大飛躍。中國已是世界第二大經濟體，雖然挑戰很多、道路漫長，但五四先驅們孜孜以求的強國夢、復興夢已見曙光，需要我們繼續同心同向同行，共同分享偉大祖國的尊嚴與榮耀。一起來把握好歷史最好發展機遇，尤其是粵港澳大灣區規劃的推出，創新創業、減稅

等政策的發佈。青年應積極融入國家發展大局,並從國家發展中獲得源源不斷機遇和動力。

三是香港青年要繼承和發揚百年五四的責任擔當。香港「一國兩制」進入新時代新階段,保持香港長期繁榮穩定、確保「一國兩制」行穩致遠的「接力棒」已經傳到新一代香港青年手中。在祖國、香港需要的時候,大家要勇挑重任,敢於擔當,做出新貢獻、書寫新篇章。香港青年要不負香港和祖國期望,在擔當中歷練,在盡責中成長,讓青春在新時代的廣闊天地中綻放,讓人生在實現中國夢的奮進中展現出奔跑的英姿,努力成為「一國兩制」事業的建設者和接班人。

我們相信,當代香港青年定能繼承五四奮鬥精神,接下百年五四的愛國旗幟,不負青春,不負韶華,為維護祖國和香港榮譽而戰,讓青春在國家和香港最需要的地方綻放炫麗之花,做新時代及格的香港青年,共同把國家和香港的未來書寫得更加美好。

凝聚共識 齊心協力 重振香港

刊登於香港《文匯報》2020年5月21日

自去年6月以來，香港先後受修例風波和疫情衝擊，法治、社會、經濟、民生、教育及國際影響力等都受到嚴重影響。香港今年首季本地生產總值預估數字較去年同期實質下跌8.9%，較上季實質下跌5.3%，均為1974年有記錄以來的歷史最大單季跌幅。首季失業率創9年來新高。特區政府財政司司長陳茂波認為，數字顯示香港經濟已陷入深度衰退。

香港這個被譽為「最自由經濟體」的城市，也是曾經被評定為「全世界最安全地區」之一的城市，如今經濟「跌跌不休」，法治滑坡坍塌，令市民對香港社會發展感到憂心。面對香港困境，唯有發揮「一國兩制」的優勢，務求各行各業、各領域、各階層、各年齡層集思廣益，求同存異，在最大程度上團結一心，一起向前行，為香港尋找出路。首先要積極配合特區政府尋找解決方案，支持特區政府依法施政，聚集力量再出發。全體市民應凝聚共識，齊心協力，維護香港賴以成功的法治核心價值，一起來重振香港。

目前香港首務是要繼續做好防疫抗疫工作；二是同心、同向、同路，一起為提振香港經濟想方設法，擴大消費，挽救企業，減少失業率；三是撥亂反正，堅定止暴制亂，堅決與那些反中亂港勢力及把香港社會搞得支離破碎的行為作堅決的鬥爭，揭穿那些不擇手段搞「攬炒」及惡意「拉布」，損害香港人共同利益的攬炒派，揭露個別賣國求榮的反對派人士去求美國干預香港事務和中國內政。

　　年輕人是我們的將來，我們一定要好好培養他們。香港特區政府及社會各界要更多關注年青一代，在思想上予正確引導，從小樹立家國情懷、遠大抱負，並關心他們的學業，走上社會後的就業、創業及發展前景，多與年輕人交流，知道他們的想法，耐心做他們的工作，給予年輕人更多發展機會和經驗。

　　黑暴、攬炒、疫情之下的香港困難重重。今日香港已再一次來到歷史十字路口，每一位香港人都應該想一想，是選擇繼續對抗內耗，還是攜手同心共度時艱，突破困局？香港不能停滯不前，更沒有本錢再亂，而應凝聚各方的最大共識，進一步推動香港再出發，令香港社會重回正軌。

立法維護國安　保港長治久安

刊登於香港《文匯報》2020年5月23日

十三屆全國人大三次會議將審議全國人大常委會關於提請審議《全國人民代表大會關於建立健全香港特別行政區維護國家安全的法律制度和執行機制的決定(草案)》的議案，香港各界表示全力支持和堅決擁護。

全國人大依照憲法和香港基本法，從國家層面推進香港維護國家安全立法工作，是應當行使的權力和應當履行的責任，尤其在當前香港特別行政區國家安全受到現實威脅和嚴重損害的形勢下，更具有突出的必要性和緊迫性，不但勢在必行，而且刻不容緩。國家安全立法屬於中央事權，全國人大的決定具有無可置疑的正當性、合法性。

香港一年多的情況有目共睹，去年發生的修例風波不但嚴重破壞社會秩序、侵蝕法治基石，而且突顯出香港在維護國家安全方面存在的巨大風險。深入觀察香港亂象可見，風波背後是香港內外敵對勢力的勾連合謀。長期以來，香港反對派一直企圖奪取香港管治權，並勾結外部勢力對內地進行各種分裂、顛覆、滲透、破壞活動。外部勢力原本通過代理人遮遮掩掩插手香港事務，如今直接走上前台，公然為反中亂港勢力和暴亂分子撐腰，向中國政府和香港特區政府施壓，還拋出所謂「香港人權與民主法案」，進一步升級干預。此外，「台獨」與「港獨」勢力勾連合流也動作不斷。

事實已表明，香港已成為外部勢力阻礙中華民族偉大復興進程的「主打牌」、對內地進行顛覆破壞活動的橋頭堡和實施「顏色革命」

的突破口。修例風波還突顯了香港特別行政區在維護國家安全方面存在明顯的法律漏洞和執行機制缺失。一方面，香港現行法律中與懲治危害國家安全犯罪有關的規定，因種種原因長期處於「休眠」狀態，難以有效執行，而香港特別行政區維護國家安全的機構設置、力量配備、執法權力配置等也存在明顯「短板」，這些情況導致香港在維護國家安全方面處於「不設防」狀態，不能有效震懾、防範、制止和懲治危害國家安全的行為。同時，反對派刻意將維護國家安全和保障市民權利自由相對立，通過污名化、妖魔化一再阻撓、延宕基本法第二十三條立法工作。

從國家層面建立健全香港特別行政區維護國家安全的法律制度和執行機制，具有極強現實針對性，也是確保「一國兩制」行穩致遠的治本之策，有利於更有效防控國家安全風險，有利於維護香港長期繁榮穩定和長治久安，有利於保護香港最廣大市民的合法權利和自由，有利於更好保障香港特別行政區依法享有高度自治權，有利於維護香港的法治環境和營商環境。這是「一國兩制」實踐中具有重大意義的一件大事，必將產生積極而深遠的影響。

美國無理干預香港事務自招損失

刊登於香港《文匯報》2020年6月4日

　　維護國家安全是世界上所有主權國家的正當行為，全國人大高票通過港區國安立法決定，這完全是中國內政，任何外國無權干涉。近日，外國政客就港區國安法立法發表失實言論、無理指控，而美國對港制裁更是損人不利己。

　　先從美國揚言取消對香港貿易的特殊待遇來看，美國若對香港貨品徵稅，香港亦會反過來徵稅，雙方對等，實質對香港影響不大。反觀美國擁有對香港的貿易順差，一年約300億美元，一旦取消香港的單獨關稅地位，賬面上受損較多是美國。貿易夥伴是一榮共榮、一損俱損，不存在誰賞賜誰、誰優惠誰的情況，最重要的是，香港是跨國企業進入中國內地的窗口，美國很多大企業在香港設立總部，分享着中國經濟發展的蛋糕。美國在香港有着巨大的經濟利益，有8.5萬名美國公民居住在香港，1300多家美國公司在港經營，其中700多家是企業總部或地區辦事處。過去十年間，美國對香港的貿易順差累計近3000億美元。美國單方面改變對港政策，美企被迫從香港撤資，等於將潛力無限的中國內地市場拱手讓人，因此美國「制裁」香港就等於懲罰自己，只會自招損失。

　　再者，香港是國際金融、貿易、航運中心，在國際經濟格局中佔有重要的一席之地，其獨立關稅區地位是世界貿易組織確定的，不是個別國家單方面給予的，更不會因個別國家採取單方面行動而動搖。

　　近年來，美國對中國的發展勢頭感到焦慮不安，美國無所不用其

極發動貿易戰、科技戰、外交戰等阻撓中國發展，更打出「香港」這張牌。過去一年香港黑暴肆虐橫行，一切旨在摧毀香港的國際金融中心地位，狼吃羊乃本性，無論如何，美國亡我之心不變。而近日美國騷亂暴力程度與香港示威相似，對於自己國家的安全十分重視，更意圖採用強硬手段制止，卻戴着有色眼鏡看待中國國家安全，這顯然是雙重標準。保護國家安全是治權的體現，香港保障國家安全的法律明顯不足。國家安全法律理應可在全國，包括香港實施，但中央透過基本法第23條，授權香港自行立法，無奈礙於香港立法會持續的亂局，目前根本不可能完成本地立法。香港近年暴力事件不斷增加，危害國家安全，市民惶恐不安，社會秩序失常。全國人大訂立港區國安法，正是行使憲法權利，以此保障香港市民的各項權利，完全是合法、合情、合理。

一直在背後支持「黑暴」的外部反華勢力是香港安全以及繁榮穩定的最大威脅，香港社會對此抱有共識。港區國安法立法決定在十三屆全國人大三次會議獲高票表決通過，將修補香港國家安全的漏洞，保障本港市民不再受黑暴、恐怖主義及外部勢力的傷害，在「一國兩制」的原則下保障香港社會安全的同時，亦保障投資者在港營商的安全，讓港人的生活得以重回正軌，重燃社會再出發的希望。

香港國安法保障「一國兩制」行穩致遠

刊登於香港《文匯報》2020年6月18日

去年修例風波引起黑暴攬炒，百業皆因黑暴破壞趕客而變得生意蕭條，普通市民以至各大中小企業，不論中資外資通通無一倖免，成為社會暴亂中的受害者。事既至此，只有堵塞香港維護國家安全的漏洞，保障社會法治穩定，才能營造優良的營商環境，保障香港長期繁榮安定和大眾的利益。

全國人大早前審議通過的香港國安法立法決定，對香港的繁榮穩定起到定海神針的作用，成為香港絕大多數守法市民安居樂業的「保護閥」。正因如此，中央此次出手為港制定國安法獲得了社會廣泛的支持，繼在港中資和港資企業先後發聲支持港區國安法立法後，外資大企業亦紛紛表態支持，咸稱願意為堵塞香港國家安全漏洞、為香港的繁榮穩定盡一分力。各界肯定聲音紛至，足以體現立法的迫切性。

然而，自中央啟動香港國安法立法程序以來，美國對香港揮動制裁大棒，香港一眾攬炒派隨之起舞，肆意散播港區國安法將損害「一國兩制」，令本港失去國際金融、經貿中心地位等謬論，對此，筆者作為港區政協委員及從事金融科技產業的經營者，實有必要作出駁斥。

首先，大家必需明確一點，國家安全屬於中央事權，並不在香港特區的自治範圍之內。事實上，自回歸以來，香港特區在「一國兩制」下一直保持繁榮穩定，並嚴格按照香港基本法的規定實行「港人治港」、高度自治。雖說按香港基本法第23條，香港特區已獲授權訂立國家安全法，但這並不影響中央在國家層面為維護國家安全立法的權力。鑒於

香港目前的情況及自行就23條立法所面對的困難，中央有權力有責任制定全國性法律，從國家層面改善香港特區維護國家安全的法律制度和執行機制。故此，有指中央政府直接為香港特區制定維護國家安全的法律與香港基本法第23條不符，是絕對錯誤及完全沒有事實根據的。

至於坊間上一些「香港國安法會損害港人自由，削弱『一國兩制』」的說法，也分明是危言聳聽、無中生有。要嚴正指出的是，香港國安法針對的只是極少數嚴重危害國家安全，包括顛覆國家政權、分裂國家、恐怖活動、外部勢力干預等行為和活動，絕不影響香港的高度自治及港人依法享有的各項權利和自由，亦不損害外國投資者在香港的正當利益，對「一國兩制」絕對無損。相反，立法有利於保障香港市民的合法權益和自由，有利於維護香港的營商及投資環境，有利於香港的繁榮穩定及長治久安，有利於「一國兩制」行穩致遠。

對於美國威脅取消香港單獨關稅區地位，但香港的單獨關稅區地位源自世貿組織協定，由世貿組織多邊規則確立，不是某一成員的單獨賦予。事實可見，香港的特殊地位並非個別國家說改變就能改變，香港特區的單獨關稅區地位更不是個別國家說取消就取消，外部勢力的制裁恐嚇，所謂外資撤資的謠言，都動搖不了香港繁榮穩定的根基。

總而言之，立法堵塞香港國家安全漏洞，符合香港社會的根本利益，也符合中外企業包括美國企業的利益。只要香港回到法治穩定的軌道上，在本港營運的企業就不會有後顧之憂，更可放膽地大展拳腳。最近已在境外上市的中資企業積極考慮回歸香港市場掛牌，正是對香港未來投下信心一票的最佳佐證！

堅信香港國安法 利國利港合憲合法

刊登於香港《文匯報》2020年6月23日

新華社日前公布了香港國安法草案主要內容。從國家層面建立健全香港特別行政區維護國家安全的法律制度和執行機制，是堅持和完善「一國兩制」制度體系的重大舉措，國家安全底線愈牢，「一國兩制」空間愈大。我們堅信香港國安法，利國利港合憲法。

草案相關內容清晰表明，香港維護國家安全立法懲治的只是四類為害最烈的犯罪行為和活動，針對的是「港獨」「黑暴」「攬炒」勢力，打擊的是極少數犯罪分子，不僅不會影響廣大香港市民的權利和自由，反而會給市民依法享有、行使各種權利和自由提供安全保障和良好環境。

為保證相關立法將來得到有效實施，草案就中央人民政府駐香港特別行政區維護國家安全機構等六方面內容作出明確規定。其中，草案對駐港國家安全公署和國家有關機關在特定情形下的案件管轄和程序作出明確規定。必須指出，對極少數危害國家安全犯罪案件行使管轄權，是中央全面管治權的重要體現。中央對香港特別行政區的國家安全負有最大和最終責任，必須有實際抓手，才能真正震懾群邪，更有力地維護國家主權、安全、發展利益和香港社會的公共安全、公共利益。維護國家主權、安全、發展利益不僅是「一國兩制」的題中應有之義，而且是「一國兩制」的核心要義。

去年「修例風波」以來，香港社會持續動盪，街頭暴力肆虐，「港獨」言行猖獗，外部勢力公然干預香港事務，嚴重危害國家主

權、統一和領土完整，嚴重踐踏香港法治、破壞社會穩定、重創經濟民生。任何愛護關心香港的人都不願看到這樣的局面繼續下去。香港人心思定，「撐國安立法」已經成為主流民意，8天內香港已有292萬市民簽名支持國安立法。

維護國家和香港的安全，是香港繁榮發展的基礎和前提。中央果斷出手，依法打擊極少數賣國、禍港、殃民的害群之馬，就是為了保護香港同胞的合法權益，守護好香港市民的家園。這部撥亂反正的安定之法，將從根本上清除「亂港病毒」。唯有如此，香港才能實現長治久安，「一國兩制」才能行穩致遠，香港才能重現璀璨光芒。

國安法尊重「兩制」差異維護港人福祉

刊登於香港《文匯報》2020年6月25日

6月18日至20日，十三屆全國人大常委會第十九次會議審議了《中華人民共和國香港特別行政區維護國家安全法（草案）》。據其後公布的草案說明可清楚看到，從中央與特區的責任劃分，到相關機構與職責的劃定，再到明確案件管轄、法律適用和程序，無不貫徹「一國兩制」、「港人治港」、高度自治的方針。

具體來講，香港國安法草案明確了包括執法檢控和司法工作都由特區去完成，絕大多數案件都交給特區辦理。而除「特定情況」下中央擁有司法管轄權外，特區政府承擔維護國安的主要責任。這充分體現中央對特區政府最大程度的信任和依靠，堪稱草案的最大特點及亮點。

事實上，國家安全屬於中央事權，但由於香港實行「一國兩制」、「港人治港」，中央透過授權方式，將維護香港國安的主要工作直接落實到特區政府管治班子，而《草案》明確了香港特區負責維護國家安全的主要責任，當中包括成立國家安全委員會，其主要職責包括分析、研判香港維護國安形勢，規劃有關工作，制定香港維護國安政策，推進香港特區維護國安的法律制度和執行機制建設；協調香港維護國安的重點工作和重大行動。國家安全委員會由行政長官擔任主席，由警務處等部門負責執法，由律政司負責檢控，由香港的法官負責案件審理，也就是說，從統籌、到執法、檢控、審判，都是以香港特區為主體。從這些制度性的安排，充分說明香港特區對本次立法規定的絕大多數犯罪案件行使管轄權。

至於草案其中一個令人關注的焦點是，中央在港設立維護國安公

署，並在特首掛帥的國安委員會設立顧問，由中央委任。這體現了中央對香港維護國安的根本及最終責任。特定情形下，中央在香港行使執法權及管轄權。至於何謂「特定情形」，據筆者理解，就是在特區政府「管不了、管不好」的情況下，中央才行使有關管轄權。而中央保留有關權力是有限度的、自我克制的，相關案件也一定是少之又少的，而且，中央駐港機構人員既要遵守國家法律，也要遵守香港法律，因此不會取代香港特區有關機構的角色，也不會影響特區依據基本法享有的獨立的司法權及終審權。

目前，香港國安法條文尚未公開，就草案說明提到的制度性安排，以及香港社會該如何作出配合，筆者也提出一些個人意見。眾所周知，香港刑法取證工作費用高昂，按香港現有法律，更是容許協助方收費後才提供資料，不付錢，就不給資料。就此，提議在查國安案的時候，協助機構或個人必須履行公民責任，特別是電信公司、社交媒體、新聞機構、CCTV機構必須協助公署以及國安委取證，不可以收費。此外，拒絕提供資料也屬於違法，並明確規定違法的刑事責任並依法追究！

還要特別提出三點：一是公署原則上要跟從香港法律，但因關乎國家安全，若在執行任務時有所需要，則可行使管轄權！二是在國家安全大前提上，私隱條例不可作為藉口以阻調查和取證。三是在國家安全上，任何機構和人士都有責任和義務提供資料，更不可以隱瞞事實真相證據，不提供可視為有意危害國家安全！

細讀有關草案說明，我們應明白中央為香港制定國安法的初心、決心及匠心。這是一部既維護港區國家安全、又尊重「兩制」差異的法律，堪稱解決香港現實問題與保障港人權利相結合的典範，期望草案可以盡快通過，令香港社會浴火重生，早日恢復繁榮穩定！

革除教育積弊　創造孩子光明未來

刊登於香港《文匯報》2020年6月30日

自去年修例風波以來，香港教育界出現各種亂象，杜絕校園內外愈發囂張的「港獨」「黑暴」等極端亂象迫在眉睫，即時為青少年營造健康的成長空間，是特區政府和香港全社會的共同責任。

首先要制止和清除那些道德品行惡劣的教師，如一名香港教師不久前公然宣稱：鴉片戰爭時英國侵略中國是為了消滅鴉片。這種錯亂瘋狂的史觀、沒有半點道德底線的胡言，恐怕連英國人自己都想像不出來，卻發生在因鴉片戰爭而歷經百餘年殖民統治之苦的香港。有些香港教育工作者在課堂上散播極端言論，甚至慫恿、帶領學生參與違法暴力活動。有通識科教師在網上詛咒維護社會安寧的香港警察「死全家」，有中學助理校長詛咒警察子女「活不過7歲」。長期被反對派勢力把持的「香港教育專業人員協會」更公然以一己之政治觀取代是非、置換對錯，產生了極其惡劣的影響。

在所謂「違法達義」和「留案底的人生更精彩」等歪理邪說的蠱惑下，修例風波中香港不少大中學生走上街頭參與暴力，香港中文大學、香港理工大學一度變成暴徒的「戰場」和「兵工廠」，10多歲的少年淪為罪犯……在全國人大常委會依照法定程序展開港區國安法立法的重要關口，反中亂港勢力依然不知收斂，竟在學校煽動聯署和罷課，繼續將學生作為「馬前卒」和「炮灰」。

教育具有鮮明的主權屬性。香港回歸祖國的歷史性轉折，意味着特區教育體系和制度設計必須在「一國兩制」框架內持續完善，消除

殖民統治遺毒的同時，切實培養廣大學生對國家和民族的尊重與認同，為香港與國家儲備人才。然而，香港回歸近23年，教育方面亂象漸生而為沉痾。教師中的極端言行與暴力教唆屢見不鮮，更有考評局出題問考生是否同意「1900–1945年間，日本為中國帶來的利多於弊」的荒誕一幕。今日香港青年價值觀之亂、歷史觀之亂、國家觀念之嚴重缺乏，已經到了必須改變的時刻。

特區政府當切實承擔起基本法所賦予的重要責任與使命，面對沉痾痼疾，必須要有久久為功的恒心與決心，堅持對香港青少年的國家觀、歷史觀和價值觀重新「塑形」。

教育是全社會共同的事業，香港未來的建設者應是守法、明理、愛國的新人，而不是被錯誤觀念毒害的不明是非者。除特區政府之外，關心香港下一代的各界力量也需要真正行動起來，不能再讓青少年被荼毒，須切實行動革除教育痼疾，呼籲香港各界齊心革除教育積弊，為孩子創造一個光明的未來。

「一國」立場穩　「兩制」空間更大

刊登於香港《文匯報》2020年7月2日

　　香港國安法在港實施，有助於確保香港長期繁榮穩定，讓「一國兩制」有更大發展空間，為香港發展揭開歷史新一頁。相關法律能夠幫助香港走出困境，為香港的穩定與發展提供保障。

　　香港國安法受到香港市民的擁護支持，早前不少香港市民已通過不同途徑表示支持盡快立法，包括180多萬個街頭簽名、100多萬個網上簽名，幾百個機構及商社組織在媒體做廣告表態支持等。

　　香港國安法落好地、起好步，將真正起到維護國家安全、震懾敵對勢力、為「一國兩制」保駕護航的作用。香港國安法不僅填補了香港特區目前在維護國家安全方面的法律漏洞，更保障「一國兩制」在香港的落實，對香港未來發展具有里程碑意義。同時為下一代營造健康成長環境，為「一國兩制」事業行穩致遠提供強大支撐。

　　接下來必須重視和加強這三方面工作：一是加強宣傳，爭取更大範圍民意支持；二是加強教育培訓，使得維護國家安全意識深入人心；三是加強落實，通過典型案例樹立香港維護國家安全法權威。

　　香港回歸23年來，外部勢力打着「民主」和「人權」的旗號，其實是在侵害中國的國家主權。「一國兩制」是最好的制度安排，安定的社會環境是對香港前途最好的保障，全體市民對香港國安法的實施要全力支持。香港國安法有利於幫助香港站穩「一國」的正確立場，向敵對勢力說「不」。讓我們團結一心，堅決擁護香港國安法的實施，在香港國安法的保駕護航下，為香港明天更美好而共同努力。

國安法助港重回正軌重新出發

刊登於香港《文匯報》2020年7月4日

　　香港國安法通過、實施，民意所向，民心所盼。香港由亂入治，正是香港國安法的力量，展現中央維護國家安全、堅持「一國兩制」的決心，有助更好維護國家安全和利益，保障香港長治久安、繁榮穩定，守護香港居民的福祉。

　　過去一年修例風波令香港飽受摧殘，經濟遭受沉重打擊，市民被「私了」，店舖慘遭「裝修」。香港市民越來越認清，沒有國家安全，香港無穩定發展的空間，更何談保障香港市民的人權、自由和生命財產。大家更看到，香港國安法的實施，不僅不會影響廣大香港市民依法享有的權利和自由，更保障港人的根本福祉。國安法對反中亂港內外勢力高懸利劍、形成震懾，築牢「一國兩制」底線，給香港告別動盪紛亂、重回正軌創造轉機，是恢復香港和諧穩定、安居樂業的根本之法。

　　一小撮反中亂港分子為製造恐懼、煽惑人心，散播「香港國安法令『一國兩制』死亡」的謠言。事實恰恰相反。香港國安法體現「一國兩制」的生命力，不會影響香港現行制度和法律制度，不會侵犯香港居民依法享有的各項權利和自由，不會破壞香港居民原有生活方式。香港國安法所涉的立法、執法和司法行為，嚴格依照法律規定、遵循法定程序，符合現代法治的原則和精神。

　　在香港國安法立法過程中，中央充分照顧到香港的高度自治和普通法傳統，多次徵詢香港各界人士意見，做到香港與內地兩種法律體

系的合理銜接、有效兼容。在具體法律條文中，無論是香港特區政府維護國家安全委員會的人員構成，還是國家安全相關案件的執法和司法安排等，都能清晰地看到中央對香港特區以及香港市民的高度尊重、信任和愛護，反映中央堅定不移維護「一國兩制」的決心。

香港國安法剛開始實行，或許有一些人抱有觀望心態，這是正常的，時間和事實會證明一切。試想，真正熱愛香港的人，會出賣國家和香港利益，去勾連外部勢力圖謀「武裝建國」？真正遵紀守法的人，會背着汽油彈上街肆意攻擊，破壞公物搞「攬炒」？香港國安法只是針對極少數危害國家安全的行為和個人，只會讓絕大多數港人心裏更踏實，日子更安寧，人權更有保障，國安法一定會不斷顯示其彌足珍貴的價值。

香港國安法為香港撥亂反正，讓香港充分發揮「一國兩制」的制度優勢，守護港人的共同家園，保持法治穩定的投資環境，才能更好地解決香港的深層次矛盾。相信在特首帶領下，特區政府和全港市民上下齊心、全力落實好香港國安法，做好文宣工作，讓港人真正明白、理解國安法重要性和必要性，依靠國安法為香港發展保駕護航。

疫情反覆嚴峻 速應變加防範

刊登於香港《文匯報》2020 年 7 月 16 日

　　本港近日爆發疫情第三波，因來勢兇猛，再次進入嚴峻階段。專家指近期病毒出現基因轉變，傳播性較以往高了幾倍，加上出現多宗感染源頭不明個案，本港社區爆發風險高危。由於資源所限，本港暫難通過全面核酸檢測圍剿疫情，當務之急是集中資源，重點監控檢測高風險場所、人群及活動，政府並需提早預備隔離檢疫設施及病床，全社會亦要強化防疫意識，阻止疫情擴散。

　　多位港府抗疫督導委員會專家顧問均認為，由於這波疫情的傳播力強勁，應盡快收緊防疫措施至今年三月前的水平，否則很大機會令疫情大爆發。為此，行政長官林鄭月娥已於周一晚（13 日）宣布，決定再度收緊禁聚令及停業令，包括由傍晚 6 時至翌日清晨 5 時期間，食肆不設堂食，只可以進行外賣；嚴禁 4 人以上聚集，婚禮、周年會議、宗教活動等均不獲豁免；限制食肆最多 4 人一枱；關閉遊戲機中心、健身中心、卡拉 OK、酒吧等 12 類處所。所有措施由昨天 15 日凌晨起生效，為期 7 天。此外，衛生防護中心亦會全力追蹤緊密接觸者，以盡快找出潛在個案，安排強制隔離。

　　當然，疫情反覆、傳染風險更高危，防疫亦要轉入「新常態」，市民皆要作好持久戰的準備。隨着多源個案帶來社區爆發的隱憂，相信隱性個案已深潛於社區，問題會逐漸浮現，政府務須時刻戒備，必要時還得進一步收緊相關防疫政策。

　　目前本港高風險的場所，包括慈雲山中心街市、多家食肆和護老中

心、沙田水泉澳邨明泉樓、坪石邨彬記粥麵店及佐敦新發茶餐廳等。高風險人群則是已確診的的士司機群組、護老中心院友等。本港單日核酸檢測能力已提升到7000個，特區政府應針對這些高風險場所、人群，迅速實施全面核酸檢測，盡快篩查出隱性傳播者，切斷病毒在社區擴散的傳播鏈。與此同時，市民亦應自覺暫時減少任何高風險活動。

由於院舍、食肆、街市及豁免強制檢疫人士，已成為現時四大防疫危機。針對此情況，筆者建議安老業界應安排員工分組工作，公餘時減少跨組的接觸，以阻止疫症爆發速度及交叉感染風險。除院舍外，食肆亦是高風險地區，尤其是小型食肆食客搭枱距離近、員工跟食客的溝通、廚師鬆懈防疫未有佩戴口罩均會增加衛生風險，故建議政府加強巡查之餘，亦要多加教育，提點業界協力做足防疫措施。

此外，早前經陸路關口入境香港的豁免人士不需留深喉唾液樣本，這無疑是一個重大防疫缺口。為堵住免檢人群中的防疫漏洞，港府已於上周三（8日）起，加強對豁免檢疫人士的監測，所有經機場抵港的機組人員、船員都要留下深喉唾液樣本，進行病毒檢測。期望隨着豁免強制檢疫的安排再度收緊，可有效防第三波疫情爆發繼續加劇。

不得不提的是，此前還有一個最大的防疫漏洞，就是反對派於上周末舉行的所謂「初選」。反對派無視疫情爆發，不但增加播疫風險，置大眾健康安危於不顧，實應予以譴責。

從過去十天每天數十宗的確診數字看來，現時疫情形勢可謂極不樂觀，建議政府除加強各項限制措施外，為防患於未然，應及時準備更多檢疫、隔離設施和醫院床位，以備疫情進入惡化的防疫需求。總而言之，政府應以防疫為第一考慮，務必做好所有防疫措施，相信在市民的全力配合下，疫情最終還會受控，大家的生活亦將可再次恢復正常。

美方禍港圖謀絕不能得逞

刊登於香港《文匯報》2020年7月20日

　　美方不顧中方嚴正交涉，將所謂「香港自治法案」簽署成法，並發布行政命令「終止對香港特殊經濟待遇」。美方所謂法案惡意詆毀香港維護國家安全立法，威脅對中方實施制裁，嚴重違反國際法和國際關係基本準則，是對香港事務和中國內政的粗暴干涉，作為香港工商界我們予以強烈譴責和堅決反對。

　　香港是中國的特別行政區，中國政府通過立法，維護地方行政區域的國家安全，止港亂局，堵塞有關法律漏洞，既符合主權原則，也是國際通行慣例。美方的無理插手和無恥威脅，是典型的強盜邏輯和霸凌行徑。

　　美國長期以來一直禍亂香港。30多年來美國會提出過60多項所謂涉港「法案」。去年修例風波以來，美國反華政客更是不斷為禍港暴行煽風點火，從「接見」反中亂港頭目、派員到港教唆指導暴亂、提供黑金援助到炮製所謂「香港人權與民主法案」，致使香港暴力恐怖亂象叢生，香港社會秩序和法治嚴重受損，出現回歸以來最為嚴峻的局面。

　　世界上所有國家都有權利和義務維護其國家安全，而任何地區的國家安全事務均屬於中央事權。美國自己至少有20項與維護國家安全相關的法律，而其執行機構都屬聯邦機關。美方慣常以維護國家安全來合理化其法案及行政命令，卻將中國政府為香港特區維護國家安全立法視為「削弱香港特區高度自治」，這是赤裸裸的霸權主義和雙重標準。

香港在8天內便有近300萬香港市民的簽名、逾百商社機構支持香港國安法,世界有70多個國家在聯合國人權理事會表態支持香港國安法,反對打着「人權」的幌子干涉中國內政,足見香港國安法既符合香港社會主流民意,也是國際正義之士普遍共識。

美方高調炮製所謂「香港自治法案」及行政命令,氣急敗壞地阻撓香港國安法的實施,這是對中國政府和人民的嚴重挑釁,對國際社會普遍反對的漠視。美方持續「加碼」干預香港事務,與其近來在涉及疆、藏、南海等問題上干涉中國內政、損害中方核心利益的惡劣行徑如出一轍,都是妄圖借此遏制中國和平發展,這些圖謀永遠不可能得逞。

香港成功發展為國際金融中心,建基於多項因素,不會單純因為美國制裁而消失。相反,香港是美國最大貨物貿易順差來源地,美國對港施加任何限制措施,只會損害美國企業和投資者在港利益。

香港特區在「一國兩制」下享有單獨關稅區的獨特地位,這是根據國家憲法和基本法賦予的,並獲世界貿易組織等多邊組織認可,而非個別國家施予或可以撤銷。美方法案及行政命令的措施,對於香港的金融機構並不具備法律效力。中國中央政府和香港特區政府會堅決採取反制措施,絕不容美方的霸權主義得逞。

推進大灣區創新合作　助香港走出疫境低谷

刊登於香港《文匯報》2020年7月30日

　　隨着第三波新冠疫情持續惡化，加上本年度大專學生相繼畢業、中學文憑試放榜，香港經濟如何走出困局？香港年輕人如何找到升學就業理想出路？這成為了港人當下逼切並必須認真思考的問題。反覆思量下，筆者始終深信，粵港澳大灣區是香港未來重要機遇所在，也將是港青北上就業生活一個廣闊舞台。令人信心倍增的是，日前在北京召開的全國政協「推進粵港澳大灣區創新合作」專題協商會，再次強調了大灣區的協同創新，必將會為港澳及其他區內城市發展，帶來巨大支撐作用。

　　協商會上，全國政協主席汪洋強調，要深入學習領會習近平總書記關於建設粵港澳大灣區的重要論述，從戰略和全局高度認識推進大灣區創新合作的重大意義，堅守「一國」之本，善用「兩制」之利，維護穩定之基，打造開放型協同創新高地，進一步豐富「一國兩制」實踐內涵。

　　眾所周知，大灣區建設是中國在新形勢下進一步改革開放的重大戰略部署，推進大灣區內創新合作，事實上對豐富「一國兩制」在香港實踐的內涵，乃至對香港進一步融入國家發展大局皆大有裨益。其間，香港可透過發揮固有條件優勢，提升自身競爭力，例如在鞏固國際金融、航運、貿易中心三大傳統優勢的前提下，發揮在研發、國際化及作為國際金融中心方面的優勢，聚集大灣區和全球各地的創新資源，推進創科研發，並積極推動香港科創中心項目與大灣區內地九個城市的對接，以灣區所向、香港所需所能全力推進灣區建設。

筆者認為，在創新合作方面取得更大發展空間之際，粵港澳大灣區在科技、商貿、文化各個領域創新上必會更加積極作為，當中包括了與內地高校和企業合作搭建創新平台，促進香港和灣區協同發展。香港大專院校可以加強和香港、內地企業的聯繫，依託廣闊的內地市場知名企業，實現創新理念落地；內地也可以進一步對香港開放市場，降低香港居民在內地就業，創業的門檻，加快兩地專業人士資格認證，促進人才要素的流通。這對有志到粵港澳大灣區升學、求職或創業發展的香港青年來說，毫無疑問是正面且有利的。事實上，香港去年遭到修例風波衝擊、今年又遇到新冠肺炎疫情影響，預料年輕人會更加客觀地審視在香港和內地的發展機遇，相信會有更多年輕人走出香港這個狹小的地域空間，藉到大灣區發展成就自我。

談到近期香港疫情，因連續多天每日確診個案百宗以上，社區爆發一觸即發，香港疫情防控已處在緊要關口。針對本港整體防疫醫療資源嚴重不足的問題，筆者認為一個可行的辦法，是政府果斷請求中央作出調動，以靈活多樣的方式整合大灣區醫療資源，當中包括將唾液樣本送到毗鄰的深圳、珠海化驗，將部分患者分流到毗鄰城市收治等，以協助本港應對前所未有的防疫挑戰。此外，粵港澳應加速推進三地公共衛生合作，盡快推出三地認可的新冠病毒檢測和健康碼，實現區內自由流動，這定可為日後香港經濟復甦起到支持作用。

粵港攜手抗疫，是推進大灣區一體化發展的有益嘗試。筆者堅信，香港與灣區各城市只要齊心協力、携手前行，一定能夠走出「疫」境，共渡難關！

推遲立法會選舉 合理合法合民意

刊登於香港《文匯報》2020年8月6日

香港第三波疫情來勢洶洶,特區政府宣布推遲立法會選舉一年。這一決定基於公眾利益和香港實際情況,合情合理合法。事有輕重緩急,當前情勢下,管控疫情保障香港市民生命安全,毫無疑問是第一要務。

早前,香港曾連續12天單日確診病例破百,其中大部分是本地個案,近半源頭不明,香港醫療系統負荷已達極限,特區政府採取了一系列為止最嚴格的防疫措施,但疫情未現受控苗頭。如此嚴峻局勢下,推遲立法會選舉是香港特區政府「艱難的決定」,也是「必然的選擇」。

生命高於一切,立法會選舉若如期舉行,將涉及440萬名選民及3萬多名工作人員,很可能導致疫情更大規模的傳播,後果之嚴重,將令香港社會無法承受。此時特區政府決定推遲選舉,是保障市民健康的上策,同時充分體現了尊重科學、順應民意、生命至上的原則和責任擔當。

這一決定符合香港主流民意。連日來,香港各界團體和人士紛紛表示理解和支持,認為這一決定合情合理合法,符合公眾利益,是保障市民健康的上策。支持贊同特區政府的當機立斷。「推遲立法會選舉是特區政府衡量過各種因素之後所作出的最合適安排」「這是一個負責任政府的應有之義」「嚴控疫情刻不容緩,市民平安無疑是特區政府的首要考慮」「守護生命,摒棄政治爭拗」「同心抗疫,共度時艱,是香港當前壓倒一切的大事」……這些聲音的共同之處,就是以生命和市民福祉為重。

這一決定符合憲法、基本法和香港本地法律。特區政府援引《緊急情況規例條例》將立法會選舉推遲的做法，充分顧及了公眾利益。對於因立法會選舉推遲而產生的立法機關空缺問題，全國人大常委會將會盡快作出決定，屆時的有關決定具有無可爭議的合法性，將令立法會的運作更為穩定。

這一決定合情合理並保障了選舉的公平性。若選舉按原定計劃舉行，許多老年人和正滯留外地的港人都會因防疫限制而無法履行其合法的投票權，超過60萬名香港長者選民也將因疫情原因放棄投票，而居家檢疫的選民也難安全地被安排在特定時間投票，收緊至兩人的「限聚令」更是讓集會或其他慣常活動無法舉行，選舉結果將有失公允。

只有香港反對派對推遲選舉意見很大。反對派此前一意孤行鼓搗出違法「初選」，已經加劇了香港疫情的蔓延，如今又將一己私利凌駕於700多萬港人的生命安全之上，這難道不是另一種「攬炒」？這樣的政客，又何曾是真心為香港好？

今年全世界已至少有近70個國家和地區因新冠疫情推遲選舉，旨在減少病毒的傳播風險。因不可抗力而延後選舉是國際慣例。然而西方一些政客則毫不意外地再次祭出了對香港的「雙標」，英國在3月新冠肺炎確診個案只有100多例時，就宣布把地方選舉押後一年舉行，英國政客卻對香港特區指手畫腳，對中國諸多批評。西方反華政客對我們實行「雙標」，再次暴露其黑心腸和厚顏無恥。

內地馳援香港 不容造謠抹黑

刊登於香港《文匯報》2020 年 8 月 13 日

因應第三波疫情最新發展，特區政府近日已不斷推出適切防疫措施，並宣布一次性免費為全港市民進行自願性病毒檢測。而處此關鍵時期，中央政府除高度關注及關心香港情況外，應特區政府請求，迅速組成內地核酸檢測支援隊及陸續派出專業醫護來港支援香港防疫抗疫工作，獲得香港市民廣泛歡迎和支持。

惟令人憤慨失望的是，面對內地醫護的逆行馳援、無私為港，不少攬炒派還在顛倒是非、妖言惑眾，造謠抹黑支援隊會將港人 DNA 送回內地，並且連日來滋擾先遣隊隊員。另有小部分香港醫護人員，則仍以政見先行，處處排擠內地醫護，稱內地醫護「聽不懂粵語，不識英文，很難合作」云云，令人懷疑如此罔顧人命的行為，是否涉及私利，目的何在？

大家必須明白的是，大規模檢測找出感染者，盡快送院收治，以截斷傳播鏈，才能避免疫情失控。但香港本身檢測能力太低，且檢疫費用昂貴，檢一次動輒二、三千元，費用昂貴直接限制了檢疫規模，相比之下，內地檢測貴則百元，廉則數十元即可。中央派遣人員來港支援，可以將檢測規模由現時每日一萬宗擴大到二十萬宗，且是費用全免，可謂對症下藥。而在大幅提升本港檢測能力的同時，支援隊更會協助興建方艙醫院，增加大量病床，及時彌補本港病床及人手不足的問題，足見赴港馳援的種種舉措皆實事求是，其利在香港，顯而易見。

更不容否認的是，疫情全球爆發至今，內地最早控制住疫情，最早恢復經濟，成為全球防疫傚法的對象，至今已有近三十個國家邀請中國

醫療隊前往支援及指導，這就是國家醫療實力的證明。然而卻有人質疑內地人員說普通話「不懂以專業醫學英語與香港醫護溝通」。此說顯然是說話者發生邏輯短路。內地派遣人員主要來自廣東，而中國醫療隊已為數十個國家作指導支援，難道在外國沒有語言溝通問題，反而在中國的香港就出現溝通問題？

國家衛健委官員明確表示，香港的全民核酸檢測工作計劃應由特區自行考慮，要持續多久要取決於港府組織動員能力以及香港市民配合程度；建設方艙醫院及臨時醫院方面，在專家、技術、物資及施工層面，按港府需求給予支援及幫助。內地援港人員的工作科學規範，符合本港法律法規，支援隊赴港與港人同心抗疫，其手足之情，護港之心，毋庸置疑。

事實上，香港回歸以來，無論是有關公共衛生、金融危機、經濟發展，只要香港提出需求，中央就會義不容辭地盡力幫忙。中央今次成立了兩個支援隊伍來大力支持香港，對香港的意義其實是一脈相承的。支援隊成員會被安排到實驗室協助做化驗工作，並不會參與治理病人，每一位成員均具備國家衛健委專業資格，有經驗亦受過訓練，專業資格無可置疑。而其所處的三間檢測機構是在港註冊的公司，受香港法律規管。總而言之，「早識別、早隔離、早治療」，普及檢測讓特區政府能有效掌握社區感染情況，盡早識別隱性患者，以免隱性患者在社區傳播給其他人，讓市民安心。

抗疫如救火，人命大過天。筆者深信內地支援力量是帶着豐富的經驗、真摯的情意而來，旨在助力香港渡過難關；筆者也奉勸別有用心的「攬炒派」，別再拿市民的生命健康當兒戲，別再用政治操弄來破壞抗疫！在疫情嚴峻的艱難時刻，希望大家都能擦亮眼睛明辨是非，不要誤聽邪說，齊心抗疫，共克時艱！

放下政爭歧見 落實人大決定

刊登於香港《文匯報》2020年8月14日

全國人大常委會決定香港特區第六屆立法會繼續履行職責不少於一年，對此，作為金融界人士的我們表示歡迎，決定合憲合法合情合理，有助香港減少社會爭拗，集中精力應對疫情。全國人大常委會作出的特殊安排，具有權威性、必要性。這一決定為香港特區第六屆立法會繼續運作提供了堅實法律基礎，為特區政府和香港各界全力抗疫免除了後顧之憂，為確保香港特區政府有效施政和社會正常運轉、保持香港繁榮穩定提供了堅實保障。

這一決定解決了香港特區出現自身無法解決的憲制問題，全國人大常委會作為最高國家權力機關的常設機關，有權力和責任採取適當措施，解決香港立法機關空缺的問題，這是全國人大常委會履行職責的體現，彰顯了中央依法治港，嚴格按照憲法和基本法辦事的原則。

這一決定，具有最高法律效力。換言之，這一決定完全符合憲法和基本法，對香港特區具有不容挑戰的法律約束力，具有一錘定音的效果。

這一決定也是目前最適當的、切實可行的辦法。第六屆立法會議員由香港特區選舉產生，在香港社會具有普遍認受性，由其繼續運作，最為簡便易行。香港特區立法會是香港政治體制的重要組成部分，依法行使包括制定、修改和廢除法律，審核、通過財政預算以及批准稅收和公共開支等重要職權，如果立法會在較長時間內空缺，將對特區政府施政和社會正常運轉帶來極為不利的影響。

這一決定是對廣大香港市民生命健康安全以及依法享有的權利自由的高度負責，對於維護港人福祉、確保香港繁榮穩定至關重要。

香港嚴重的疫情不會被政治口水所消滅，香港各界唯有同心攜手、共同努力，才能夠盡快打贏這場疫情防控阻擊戰。任何有利於抗疫的工作都不應受阻於門戶之見、政治之爭。我們要充分認識到是次決定完全是為香港好，所以香港特區政府、社會各界，特別是立法會議員都應當遵從並配合落實全國人大常委會決定，在齊心協力抗擊疫情的同時，支持配合香港特區第六屆立法會繼續運作，確保特區政府有效施政和香港社會正常運作，確保社會穩定發展、持續繁榮。

積極參與普檢 齊心走出疫境

刊登於香港《文匯報》2020年8月27日

　　新冠病毒肺炎疫情爆發至今超過半年，上月爆發的第三波疫情更顯示社區有不少隱形傳播鏈，香港特區政府在中央支持下大大加強檢測能力，並宣布下月一日正式展開自願性的「普及社區檢測計劃」，以尋找隱形或沒有病徵患者，切斷傳播鏈，市民本周開始將可以在網上登記預約進行免費檢測，政府同時會繼續進行病理學檢測和特定群組檢測，多管齊下抗疫。

　　攬炒派近日不斷抹黑由中央支持、特區政府推出的普及社區檢測計劃，揚言煽動市民「杯葛」。行政長官林鄭月娥近日出席行政會議前見記者時質問：「為何會有如此心腸阻止人進行檢測？」她批評一些別有用心的人抹黑普檢是出於政治計算，除抹黑中央、破壞香港與中央關係，想不到其他目的。她亦希望醫生專家負責任地發言，不要在不了解情況下對計劃提出負面看法，並呼籲市民「為己為人為香港，踴躍登記參加普及社區檢測」。

　　劉少懷醫生亦指出，再過兩個月便踏入冬季，屆時或再有新一波疫情，普及社區檢測計劃屬「及時雨」，有助提供病毒數據以掌握社區隱形疫情，配合隔離患者及高危群組的病毒化驗，令公共衛生部門更精準調整管控政策，應對疫情變化，社區檢測亦可提升大眾健康意識。他又認為，今次檢測採集鼻腔及咽喉樣本，毋須帶樣本瓶回家，且十八區也有檢測點，已做到利民便民。

　　檢測計劃將有序展開，在全港十八區設立多間社區檢測中心，選

址包括社區會堂、社區中心和學校，開放時間為每日早上8時至晚上8時，中間會有一小時清潔時段，除6歲以下兒童及咽喉有疾病等原因而不適合進行檢測的人士外，所有持香港居民身份證的市民，本星期起均可上網預約。

檢測計劃方面，政府會安排醫生、牙醫、護士及相關學科的學生等受過醫療或護理訓練人員，在各社區檢測中心為市民採樣，整個計劃最多在兩周內完成。參與採樣工作的醫護人員，在工作期間均會獲發外科口罩、面罩和保護袍等個人防護裝備，一旦因工作而受感染，政府會負責相關保險。

醫院管理局和衞生署會持續為有病徵、較高風險病人和密切接觸者進行病理學檢測外，各部門亦會繼續進行特定群組檢測，為無病徵但職業或工作環境屬較高風險或較密切接觸人士進行檢測，甚至定期覆檢。

此次普檢完全出於對市民身心健康負責，使香港走出疫境，但有些心懷惡意及懷有不可見人目的的人，對此次檢測以陰謀論抹黑、分化，叫市民不聽政府的話。望市民認清真相，積極參與檢測，這是利己利民利港的舉措，只要市民積極參與，配合支持政府計劃，相信政府將更有基礎放寬限制，令香港可以盡快走出疫境。

深圳特區40年成功經驗值得香港借鑒

刊登於香港《文匯報》2020年9月3日

今年，是深圳經濟特區成立40周年。1980年8月26日，第五屆全國人大常委會第十五次會議批准了《廣東省經濟特區條例》，深圳經濟特區正式成立，成為中國第一個經濟特區，彈指一揮間，深圳經濟特區歷經40年砥礪奮進，已由一個昔日的邊陲小鎮發展為舉世矚目的創科中心、智慧之城、「中國矽谷」。今天，它更提升至成為具有一定國際影響力的新興國際化大都市，GDP增長近10000倍，人均GDP升至全國城市之首，經濟總量更已經超過新加坡及香港。

這片昔日中國改革開放的試驗田能創造如此的輝煌成就，當中的關鍵是其背後的世界眼光、大膽實踐、正確選擇和成功治理。這些致勝關鍵，構成了特區成功的密碼，也深刻啟示着世界經濟發展前路。反觀比鄰的香港，卻停滯不前，讓人黯然嗟歎！香港在過去歲月裏，由2000年數碼港到2015年的創新及科技局難產，一次又一次遭政治騎劫而不斷錯失發展良機，此際若我們再不團結一心求共識，專心一致謀發展，盡快走出政治攬炒的泥沼，一心一意建設這個地方，抓緊眼前「一帶一路」及粵港澳大灣區國家發展機遇，奮起直追，我們最終會落入恨錯難返的田地。

縱觀深圳特區的成功發展，其實源自國家的世界眼光及大膽實踐。先說世界眼光。上世紀七十年代末八十年代初，西方經濟經歷多年滯脹後，陷入經濟危機，通貨膨脹、需求不足、資本過剩的壓力，倒逼西方推動產業轉移，謀求國際經貿合作新機遇，世界經濟行至十字路口。國家決策層即順勢而為，適時打開國門，成為西方技術和資

本要素的吸納者，開闢了中外經濟大循環，讓中國資源和人力稟賦充分發揮優勢。

再談大膽實踐。深圳特區是在無先例、無經驗的情況下，作為改革先行者，以「摸着石頭過河」的勇氣，大膽嘗試，特事特辦，尊重市場規律，接受國際規則約束，促成中國經濟與世界接軌，讓中國稟賦接受市場定價，嵌入全球價值鏈。過程中，更多中國企業藉此突破舊藩籬，更多外資企業得以拓展新領域。

尤其重要的是，經濟特區的設立，是國家為推動改革開放而作出的重大決策。40年來，一代代特區建設者發揚「敢闖敢試、敢為人先、埋頭苦幹」的特區精神，為內地改革開放和社會主義現代化建設闖出了一條新路。深圳由羅湖、福田，再逐漸向西一路發展到南山。從1980年起常住人口約33萬，到了2019年，常住人口是1343.88萬。GDP方面，從1980年僅為2.7億元人民幣、人均GDP835元人民幣，到2019年已高達26927億元人民幣，人均突破20萬元人民幣，增長速度驚人。面對方興未艾的新一輪科技革命和產業變革，深圳特區更率先構建起以企業為主體、以市場為導向、產學研深度融合的技術創新體系，走出獨特的創新發展之路。

對比兩地發展，深圳特區40年的成功經驗，值得香港總結借鑒。香港作為國家的對外視窗，從無間斷地為國家改革開放帶來急需的資金、人才，並通過投資、貿易和多種形式的合作，為改革開放發展提供重要動力。港深在地域以至國家發展布局上一直唇齒相依，在往後不斷深化的國家改革開放大潮中，兩地仍會扮演着不可或缺的重要角色。前瞻未來，作為粵港澳大灣區最閃亮的「雙子星」，香港必須加緊兩地合作，比拚雙飛，在發揮優勢而不失競爭力的前提下，才能重

整旗鼓，再創輝煌。

　　當前，世界經濟再度行至十字路口，疫情和保護主義正壓制國際經貿合作，全球化浪潮遭遇頂風逆流。中央決策層再一次適時提出構建國內國際雙循環相互促進的新發展格局。面對外部風浪，擁有超大市場和經濟規模的中國如今更為鎮定自信，進退有據。而深圳特區亦不負所望，以輝煌的發展成就證明了自己無愧於這個歷史選擇的同時，還將繼續乘風破浪，昂然邁進！

感恩祖國關懷 感謝普檢援隊

刊登於香港《文匯報》2020年9月16日

香港第三輪疫情發生，應特區政府請求，中央迅速組織內地醫務人員共575人，組成核酸檢測支援隊赴港。隊員們每日超負荷完成當日送交檢測的樣本，每日檢測能力已達20多萬份樣本。截至9月14日晚8時，累計有178.3萬人次參與普檢計劃，其中171.9萬個樣本完成新冠病毒核酸檢測，檢測出最少32宗確診新個案、6宗康復者「復陽」個案，並成功截斷12條傳播鏈繼續蔓延。

內地核酸檢測支援隊受國家的委派，到港後即投入緊張檢測工作中，成員們連軸轉地工作，火眼實驗室24小時不間歇地運轉。高強度的任務，長時間的檢測，支援隊員臉上被口罩勒出的痕跡清晰可見。每天只坐在實驗室外稍事休息，又進倉忙碌起來……克服了常人不能接受的痛苦，堅持「再多的標本，再多的檢測，都要扛下來」，做到了及時把檢測結果送到香港市民的手中。

為了能盡快給香港市民檢測結果，他們每天需要自己動手搬運大量的採樣樣本箱。戴着醫用手套使力，汗水很快就浸透了雙手，再搬運重物時就磨破了關節。取樣組隊員，有連續奮鬥6個12小時夜班（晚9點至早9點）和2個8小時小夜班（下午5點至凌晨1點）的；為了緩解長時間工作後身體的疼痛，有些隊員天天靠貼鎮痛膏藥來堅持操作；出倉的時候，隊員們防護鏡後都是水，靴套裏面的褲腿和鞋都是濕的；還有些隊員全神貫注檢測，眼睛結膜充血。

中山大學附屬第一醫院醫學檢驗科主管技師郭鵬豪，最早帶領內

地赴港核酸檢測先遣隊抵港，即同香港有關部門對接檢測安排。他表示：「我們的任務就是幫助香港社會盡早找到並切斷隱藏的社區傳播鏈。」

內地核酸檢測支援隊是無私無畏的「逆行者」，他們無私無畏的奉獻精神令市民深受感動，連日來，香港市民積極參與普及社區檢測計劃，各界也紛紛給支援隊員們送去心意卡、感謝信、糖水等，向支援隊表達誠摯的謝意。

行政長官林鄭月娥9日帶領多位政府官員到火眼實驗室，為支援隊隊員打氣：「你們夜以繼日、不辭勞苦地工作，確保市民可在採樣後最短時間內得知檢測結果，我代表市民向你們致謝！」

祖國的關心、檢測支援隊成員的無私奉獻，我們應懂得感恩、感謝！可還有一小撮不懷好意的人抹黑中央、歪曲援助抗疫、質疑支援隊的能力等歪聲亂音，甚至對支援隊工作進行騷擾。我們要看清和揭露這些醜惡言行，發自內心感恩祖國關懷，感謝支援隊不懼疫情風險，感謝他們是勇於擔當、無私無畏的逆行者，是「人民至上、生命至上」的踐行者，是醫者仁心、大愛無疆的奉獻者。讓我們團結同心抗疫，一起努力讓香港社會盡快恢復正常的生活。

祖國是港戰勝一切風險的最強後盾

刊登於香港《文匯報》2020年9月17日

香港特區政府推出的「普及社區檢測計劃」已於本周一圓滿結束，在為期14天的檢測期內，有逾178萬市民接受了檢測，並找出42宗確診個案，這當中展現了香港市民為己為人為社會的公民責任，也體現了特區政府為切斷社區傳播鏈以盡快遏止疫情所作出的努力和決心。

當然，是次香港得以實現社區普檢，有賴特區政府的務實推展，但更重要的，是國家大力支持香港抗疫，彰顯兩地血濃於水的親情。自疫情在港爆發以來，中央急港人所急，大力支持特區政府的抗疫工作，早前更應特區政府請求，派遣兩支醫療隊馳援香港，協助特區政府展開「普及社區檢測計劃」和建造「方艙醫院」，解決了特區當前的抗疫難題，讓普及檢測最終成為現實。

國家的大力支持，讓我們更堅定地相信，祖國是我們戰勝一切風險的最強後盾。要知道，人，永遠的最強後盾是一個溫暖的家，而一個地方，最強後盾無疑就是一個強大的國家。看看今天的中國，已是世界第二大經濟體，地大物博，人力物力充足，軍隊紀律嚴明，醫療科技發展亦一日千里，有絕對能力保障香港的財產和秩序。而一直以來，待香港可謂有求必應，正如在香港新一輪疫情防控的緊要關口，中央政府時時刻刻關注着香港，全力支持特區政府抗擊疫情，為特區政府提供一切必要的支持和幫助。

事實上，自回歸以來，國家一直給予香港最大的關顧和支持，不

論是面對亞洲金融危機和國際金融危機、黑暴亂港抑或疫情衝擊，每一次香港遭遇困難，我們的祖國總是義不容辭地出手相挺，致力保障香港的繁榮穩定，維護「一國兩制」的行穩致遠。

在抗擊疫情方面，由2003年初春的非典疫情，到自今年初的新冠肺炎，中央政府皆對香港疫情防控工作給予指導、協助與支援，協調防疫物資來港，為香港提供了源源不斷的物資支援，全力保障生活物資穩定供應，是次疫情更大力協助滯留內地和國外的港人返港；同時根據統一部署，中央有關部門和內地有關地方與香港特區政府保持密切溝通，支持配合特區政府加強口岸管控，為疫情初期有效控制擴散和維持正常生活秩序，提供了重要助力。到了七月初，面對香港疫情再次反覆，核酸檢測能力已無法滿足需要，醫療系統接近飽和，隔離檢疫設施不勝負荷之時，中央更隨即應特區政府之請求，派出專業醫護人員赴港支援，協助提高核酸檢測能力，以及全力協助加快建設臨時隔離及治療中心，務求在短時間內增加本港社區治療設施的供應量，在為香港應對新冠肺炎疫情在冬季大型爆發可能性作準備同時，亦為本港抗疫工作打下強心針。

在提振經濟方面，由1997年的亞洲金融危機、2003年的非典疫情、2008年的國際金融危機，每次危機來襲，國家都始終與香港風雨同路，攜手共渡難關。猶記得香港經濟曾因非典疫情陷入低谷，中央又及時果斷出手相助，推出「個人遊」，為香港市場注入「源頭活水」。回歸20多年間，香港還在中央政府和內地各界的全力支持下，成功應對亞洲金融危機和國際金融危機。事實有力證明，祖國是香港抵禦風浪、戰勝挑戰的最大底氣所在，正是在中央政府的全力支援下，香港才能不斷戰勝各種困難和挑戰，並繼續走在世界發展的前列。

　　當下，香港疫情還未過去，深信中央將始終如一，與特區政府一起，與700多萬香港市民一起，攜手戰勝疫情，為盡快恢復經濟、改善民生創造良好條件。而隨着普及社區檢測計劃的結束，數百位核酸檢測支援隊員已由昨天起陸續返回內地。但港人不會忘記他們在來港首天，竟遭某些別有用心的人口出惡言質問：「你們來能做什麼？」對這些具傷害性的說話，隊員們在痛心之餘沒有反唇相譏，卻以嚴謹務實具成效的工作表現作出了最好的回應。於此，我懷着最真誠的敬意，向所有馳援香港的內地支援隊員說一聲：「謝謝！感謝你們的無私付出、雪中送炭，你們來了就是我們的福氣，無言的感激，永遠在心中！」

香港應大力弘揚愛國主義精神

刊登於香港《文匯報》2020 年 9 月 24 日

愛國，是人世間最深層、最持久的情感。中華民族的愛國主義精神，有着深厚的歷史、文化和情感積澱，已成為流淌在中華兒女血液裏的精神基因。對每一個中國人來說，愛國是本分，也是職責，是心之所繫、情之所歸。

過去大半年，對 14 億中國人民來說，是一段可歌可泣、刻骨銘心的歲月。經歷了一場驚心動魄的抗疫大戰、經受了一次艱苦卓絕的歷史大考，中國抗疫取得空前成果、創造舉世矚目奇跡。中國成功抗疫證明了中國社會主義制度具有非凡的組織動員能力、統籌協調能力、貫徹執行能力，能夠充分發揮集中力量辦大事、辦難事、辦急事的獨特優勢，彰顯了我國國家制度和國家治理體系的獨特優越性，也進一步增強了中華民族的自信心和凝聚力。

中國人歷來抱有家國情懷，崇尚天下為公、克己奉公，信奉天下興亡、匹夫有責。透過這場波瀾壯闊的抗疫鬥爭，在危機關頭中我們看到，到處迸發彰顯的愛國主義精神。而在同疫魔的殊死較量中，中國人民和中華民族以敢於鬥爭、敢於勝利的大無畏氣概，鑄就了生命至上、舉國同心、捨生忘死、尊重科學、命運與共的偉大抗疫精神。而這五個抗疫精神重點，相互聯繫、相得益彰，構成一個有機整體。它同中華民族長期形成的特質稟賦和文化基因一脈相承，是愛國主義的傳承和發展，是中國精神的生動詮釋，豐富了民族精神和時代精神的內涵。

欣喜的是，在偉大抗疫精神當中也看到我們香港同胞的積極貢獻，在早前（9 月 8 日）舉行的全國抗疫表彰大會上，共有 17 名香港

代表獲邀參加，以肯定他們在前期全國抗疫偉大鬥爭中的貢獻。與早期香港同胞向內地踴躍捐款、「逆行」抗疫一線相呼應的是，在香港重陷第三波嚴重疫情後，中央組織廣東、廣西、福建等省區的570多位醫療工作者到香港進行核酸檢測支援，兩地同胞在新冠肺炎疫情嚴峻的重大時刻，攜手譜寫了一曲亮麗的抗疫之歌。兩地同胞攜手的香港抗疫行動，充分詮釋和再現了全國人民在抗疫鬥爭中所形成的偉大抗疫精神。與此同時，也再一次證明了中央是「一國兩制」行穩致遠的堅強後盾。在整個抗疫過程中，中央政府毫無保留支持、關顧香港，從保障香港生活用品和醫療物資的供應穩定，到協助香港開展普及檢測、增建方艙醫院，保障港人生命健康安全，顯示國家始終是香港的最堅強後盾；香港市民踴躍捐款贈物支援內地抗疫，港資武漢醫院主動拿出全部床位接收治療患者協助抗疫。兩地同胞血濃於水，攜手同心並肩抗疫，彰顯了中華民族強大的凝聚力和生命力。

人無精神則不立，國無精神則不強。在抗疫鬥爭的前行道路上依然充滿各種風險挑戰，為盡快重回正軌、恢復活力，當前香港全社會必須大力宣傳和弘揚偉大抗疫精神，使之轉化為推動香港走出陰霾、走向光明新生的強大力量；香港全社會更應大力弘揚愛國主義精神，使之轉化為把香港建設成為「一國兩制」的典範，成為實現中華民族偉大復興的強大力量。

歷經百轉千回，那些無法被時光沖淡的，是愛國精神的凝聚、正義價值的沉澱，那些始終激勵人們前行的，是家國的書寫、大我的境界。我深信，愛國主義是我們民族精神的核心，是中華民族團結奮鬥、自強不息的精神紐帶，身為中國人，我為國家的輝煌成就感到無比驕傲和自豪。在香港融入國家發展大局過程中，我期盼能與香港各界共同努力，盡愛國本分、履時代責任，在弘揚愛國主義、宣傳抗疫精神、做好青年工作各方面作出貢獻，絕不辜負祖國的關顧與期望。

內地抗疫成果顯著 香港更要加把勁

刊登於香港《文匯報》2020年9月26日

在全國人民共同努力下，內地疫情趨穩，取得重大成果。韓國、日本、德國、美國等多國放鬆赴華旅行限制。這表明：中國抗疫成果得到世界認可，經濟復甦步伐吸引全球眼光。隨着疫情得到全面控制，中國經濟復甦步伐加快。據國家統計局發布的最新數據，8月份，中國的投資、消費、出口增速三項均實現正增長。8月進出口總額同比增長6%，增速最為迅猛的是出口增速，達到11.6%，相比7月出口增幅提高1.2%。

國際貨幣基金組織最新預測稱，中國可能成為2020年全球主要經濟體中，唯一保持正增長的國家。美國《華盛頓郵報》網站刊文認為，與2月份疫情嚴重時期相比，現在的中國經濟已經得到明顯的恢復。美國經濟學家安迪·羅斯曼表示，中國的消費情況已經連續多月復甦。如果疫情繼續影響世界，中國將憑借自己獨特的優勢，成為世界經濟復甦第一名。亞洲開發銀行最新報告指出，中國是亞太地區少數成功擺脫經濟低迷的經濟體之一。

世界經濟復甦乏力，而中國經濟表現強勁。因此，各國放鬆赴華旅行限制，讓部分有需求的外商來華做生意，是必要的。中國國際問題研究院美國所所長滕建群表示，疫情發生後，美國等國以維護本國國民安全為由，關閉人員往來渠道。如今，隨着中國國內生產、生活秩序得到有序恢復，曾經「唱衰」中國的個別國家，也不得不承認中國抗疫成果，並且希望通過恢復對華人員交往，助力本國經濟復甦，緩解國內疫情之困。

嚴防境外疫情輸入，為確保國內疫情防控成果、防止疫情蔓延，中國政府將繼續依法依規對國外入境人員採取全面檢查，堅決防止國內輸入性反彈。這樣做既是對中國人民的生命安全和身體健康負責，也是對外國公民的生命安全和身體健康負責。國外入境人員經過中國海關嚴格的檢疫檢驗程序後，在中國正常展開日常活動，不會造成國內輸入性反彈。

世界各國紛紛放鬆赴華旅行限制，這既是對中國抗疫成果的認可，也會給中國防疫帶來一定的壓力。相關政策實施後，會有一批商人陸續來華尋求合作，在一定程度上，有利於扭轉世界經濟頹勢。當前，對中國而言，在逐步恢復經貿合作與人員往來的同時，繼續堅守來之不易的抗疫成果仍然是第一位的。

內地抗擊疫情的成果獲得世界的認可，香港作為中國的一分子，我們決不能拖後腿，香港各界要與特區政府團結一致，齊心協力，盡快將香港疫情防控好，與祖國同步抗疫，盡快恢復兩地經濟、人員流通，促進香港重振經濟民生，維護繁榮穩定。

為祖國驕傲 為祖國祝福 為祖國奉獻

刊登於香港《文匯報》2020年10月1日

今天正值祖國母親71歲的生日，又恰逢中秋佳節，讓我們共同祝願偉大的祖國繁榮昌盛！祝願偉大的人民幸福安康！祝願我們的明天更加美好！讓我們攜起手來，為實現中華民族偉大復興貢獻力量！

我們祝賀偉大的祖國71年來取得舉世矚目的成績，尤其近五年來，在以習近平同志為核心的黨中央領導下，面對複雜的國際國內形勢，中國砥礪前行，以智慧、勇氣和擔當，一次次攻堅克難，穩步邁向全面建成小康社會的宏偉目標。GDP總量接近100萬億元人民幣，人均GDP邁上1萬美元台階，中國成為全球經濟份量更重、含金量更高的領跑者。

中國高鐵發展走在世界前列，有全球首個超千億規模軌道交通裝備產業集群，並成功研製全球最大功率電力機車，產品服務出口全球逾百個國家和地區，中國中車在新時代的軌道上一路馳行。

客流量突破1000萬人次！在北京，大興國際機場投運整年來，「鋼鐵鳳凰」引頸展翅，啟動京津冀協同發展新引擎。目光移至南國，港珠澳大橋建成通車近兩年，一橋連三地，天塹變通途。這五年，人們見證了被外媒直呼「世界新七大奇跡」工程的誕生，也見證了科技領域的一次次突破，飛機「三劍客」，藍天競翱翔，國產大航母，下海逐波浪，是嫦娥躍升空、玉兔落月面，是北斗聯天下、天問赴蒼穹……

這背後，是中國經濟實力的大幅躍升。2019年，中國國內生產總值超99萬億元，人均GDP進入「1萬美元俱樂部」，對世界經濟增長的貢獻率約達30％。預計到「十三五」末，中國GDP將穩穩地躍過100萬

億元。網絡零售、電子支付、大數據、雲計算、5G、新能源,一系列創新為中國經濟拓開新空間,也在全球掀起新潮流。

今天,中國研發經費投入總量居世界第二,近4年信息傳輸、軟件和信息技術服務業等新興服務業年均增速高達19.4%。作為世界第一大市場,中國正成為全球創新的策源地。堅持在開放中發展,中國2019年貨物貿易進出口總值達31.54萬億元、穩居世界第一,累計與138個國家和30個國際組織簽署200份共建「一帶一路」合作文件。

2016年到2019年,中國超過5000萬農村貧困人口脫貧。到2020年末,現行標準下農村貧困人口全部脫貧、貧困縣全部摘帽的目標將如期實現,困擾中華民族幾千年的絕對貧困問題將得到歷史性解決。

這是每個中國人為了更美好生活孜孜努力、夢想成真的五年。就業穩定,收入增加,消費紅火,空氣變好,預期壽命增長,文化活動多姿多彩,惠及民生的新科技新業態新模式層出不窮……分享着改革發展的成果,老百姓的獲得感更強、精氣神兒更足。抗擊疫情防控疫情取得成果得到世界認同,恢復生產發展經濟有目共睹。這一切一切,都在向世人證明着中國如今的發展成就與實力,這些發展變化,無不讓我們感到自豪。在為中華民族偉大復興不懈奮鬥的歷史進程中,香港也從未缺席。在過去的71年間,香港始終與祖國同發展、共命運。

當前,香港正面臨着發展新機遇,粵港澳大灣區規劃、「一帶一路」倡議、廣深港高鐵運營、港珠澳大橋開通,為香港開啟了大發展的戰略機遇。香港要積極抓住這些機遇,發揮自己不可替代的作用,堅守「一國」之本,善用「兩制」之利,做好國家進一步對外開放的重要門戶和橋樑,用好香港在國際金融、航運及貿易中心的優勢地位,乘勢而上,順勢而為,為國家發展作出新貢獻。

逐夢粵港澳大灣區 港青大有作為

刊登於香港《文匯報》2020年10月8日

　　在過去一年的黑暴及新冠肺炎疫情反覆的衝擊下，香港經濟正在經歷崎嶇的復甦之路，各行各業面對着對前所未見的挑戰。此時此刻，如何突破香港發展瓶頸，解決香港青年學業、事業、置業、創業等人生與前途問題，再度成為社會關注的議題。把握粵港澳大灣區帶來的機遇，積極轉型應對「疫」境，是其中的焦點所在。

　　粵港澳大灣區建設是由習近平主席親自謀劃、親自部署、親自推動的國家發展戰略，是「一國兩制」實踐的新探索，為粵港澳三地提供更廣闊的發展空間和更強大的發展動力。對當下的年輕人而言，粵港澳大灣區是他們施展抱負、發揮所長的好地方，也必將為其在現實人生、事業中遭遇到的種種難題，提供長遠可行且有效的解決方案。

　　眾所周知，香港過去能夠迅速發展，有賴於背靠祖國之利，與內地緊密聯繫，並成為對外開放的窗口，惟世事多變，如今的香港行事變得越來越保守，內地市場卻變得越來越開放，成為了全球機遇所在。遺憾的是，香港有部分的年輕人出於對內地不了解，造成隔閡並窒礙了個人的出路與發展。但我有信心，只要大家能敞開心扉，積極融入大灣區規劃和發展，就不難解決自身的學業、事業、置業、創業和生活品質改善等問題；而這不單有助突破香港青年發展的瓶頸，也將為香港整體發揮比較優勢，搭上國家發展的高速列車，提供難得機遇。

　　事實上，香港本地市場體量小、資產價格高，產業結構相對單一，導致青年「向上」空間相對狹小，而粵港澳大灣區則為港青發展

打開廣闊窗口。可以說，粵港澳大灣區是時代賦予香港青年的最佳機遇，當中所提供的機會與可能性，遠多於香港一個城市，也更勝於遠走異國他鄉，創業者應把握粵港澳大灣區帶來的機遇，積極轉型以走出「疫」境，重新出發。

當前，為鼓勵及配合港澳青年到大灣區城市就業創業，廣州、深圳等內地灣區城市已推出多項資助政策，包括落戶、貸款、租金、重大活動、參展，以至住房等多項補貼及創業獎勵。此外，為讓港澳青年在內地越來越有歸屬感，很多內地相關機構均主動為港澳青年創業「引路」，一個個交流平台、創業基地由此應運而生，大大幫助解決了港澳創業企業發展資金、辦公場地、人才公寓、創業導師等配套問題。

回想2017年7月1日，習近平主席在港親自見證國家發展改革委與粵港澳三地政府共同簽署《深化粵港澳合作　推進大灣區建設框架協議》，正式開啟了大灣區建設的新征程。三年多年，在中央和地方政府大力支持，以及各方共同努力下，粵港澳大灣區建設良好，取得了積極成效，各項任務有力有效推進。對香港企業而言，這裏是一個巨大的市場，有潛力成為未來數十年影響香港營商環境的最重要發展機遇，更可能是未來數年企業可以擴展業務並獲得高回報的少數地區之一。所以，香港人、尤其是年輕人千萬不要局限於香港1100平方公里的發展空間、眼界，應該跳出來，尋找香港可持續發展的出路，在粵港澳大灣區內，擁抱國家發展，連結國際優質資源，闖出自己的廣闊天地。

時間不等人，機遇不等人。我相信，大灣區是香港青年的絕佳舞台，希望更多的香港青年能看到這裏廣闊的發展機遇，能在這裏實現自己的人生夢想！我期望，香港年輕人盡快展開逐夢大灣區之旅，在這片創新創業的沃土上，開啟自己事業、生活的新篇章！

粵港澳攜手並進 大灣區共繪宏圖

刊登於香港《文匯報》2020年10月15日

粵港澳大灣區建設是習近平總書記親自謀劃、親自部署、親自推動的國家戰略，是新時代推動形成全面開放新格局的新舉措，是推動「一國兩制」事業發展的新實踐。

實業興國、科技引領、創新驅動，是粵港澳大灣區重要的主題內容。必須積極推動傳統產業升級，為爭取世界領先的科技地位竭盡全力。努力推進從廣州南沙到深圳前海、珠海橫琴，延伸至香港、澳門，構建一條融研發、轉化、製造於一體的科技創新走廊。只要踏上這片熱土，人們感受到的將不僅是速度與激情，更有對創新與品質的執着追求。只要參與，融入其中，無論在灣區哪個地域，粵港澳大灣區的故事都會精彩紛呈。

伶仃天海一色，大橋飛架三地。港珠澳大橋的落成通車，是國家現代超高科技的綜合展示，是建設者投入全部身心的崇高品德和專業精神的體現。這一「國之重器」打通了粵港澳大灣區道路交通網，為大灣區基礎設施互聯互通樹立了典範。灣區風雲際會，成千上萬的建設者完成了諸多探索，實現了大灣區建設中的無限創意。如大橋人工島旅檢大樓，是採用「合作查驗，一次放行」新型邊檢模式的三地互通邊檢口岸，極大的提高了通關效率和旅客體驗。

經不少年輕才俊及專家們一起打造的科技產業園區，如今已經變成現實。而青年人實現人生價值的跌宕旅程，在灣區人們看來也一點都不陌生。大灣區建設熱潮中，熱血青春激揚澎湃。青年創業者說：

「這裏比在任何地方都更容易讓想法變成現實。」

　　宏偉藍圖已經繪就，遠大夢想揚帆起航。珠江水與伶仃洋交融，東江水體現粵港血濃於水，曾親歷民族抗爭的百年沉浮，也將見證灣區崛起的時代勝景。還將呈現的，包括港澳同胞在內的全中國人民一同寫就共擔民族復興歷史責任、共享祖國富強榮光的壯麗篇章。

大灣區金融創新 香港大有可為

刊登於香港《文匯報》2020年10月23日

習主席在深圳特區建立40周年大會上發表重要講話，為香港在新形勢下的發展指路引航，香港必須把握粵港澳大灣區金融創新的機遇，以創新精神實現新發展。

近年來，大灣區三地政府簽訂合作框架協議，不斷加強深化金融合作，為三地金融機構在大灣區的協同發展奠定良好基礎。金融科技的快速發展，共享大數據，實現平台智能化等金融創新手段，為三地金融機構開闢合作新途徑。

隨着大灣區發展規劃進一步實施，大灣區將成為中國與國際金融體系進行連接和轉換的重要平台，香港應積極進取、發揮優勢，為大灣區金融機構改革創新、協同發展貢獻力量。從行業層面看，大灣區科技金融的生態體系完善，但實力尚待進一步提升；從區域分布看，香港金融科技應注重發展區塊鏈和虛擬銀行。為進一步推動金融創科發展，香港應出台政策，重點支持監管科技、虛擬銀行和支付領域的發展。

大灣區在市場化、國際化、多元化等方面佔據領先優勢，金融基礎扎實，企業創新活躍，站在金融創新融合發展的風頭浪尖，大灣區的金融創新發展潛力巨大。香港是國際金融中心、全球最自由的經濟體，擁有廣泛的環球商業網絡、完善的法律制度，熟悉國際商業規則和運作，有強大的融資能力；香港的基礎科研水平具國際頂尖地位，對國際優秀企業和人才具有強大吸引力，可繼續扮演連接國家和世界的雙向橋樑角色，在新時代改革開放中仍大有可為。

港深優勢互補 耀眼雙星攜手共進

刊登於香港《文匯報》2020年10月29日

今年，是深圳經濟特區建立40周年。國家主席習近平在特區建立40周年慶祝大會的重要講話中，指出當下深圳要推進粵港澳大灣區建設，豐富「一國兩制」事業發展新實踐，並強調新形勢需要新擔當、呼喚新作為，必須全面準確貫徹「一國兩制」基本方針，促進內地與香港澳門融合發展、相互促進。主席的講話，無疑為香港指明方向。而此時此刻的香港，既有「一國兩制」的獨有優勢，又有國家的全力支持，只要坐言起行，緊密與深圳携手，全面擴大開放新格局，抓住粵港澳大灣區建設重大歷史機遇，全力推進落實三地聯通合作，必能撥開雲霧闖出一片新天，創造無愧於新時代的新輝煌！

我們都知道，經濟特區的設立，是國家為推動改革開放而作出的重大決策。40年來，一代代特區建設者發揚「敢闖敢試、敢為人先、埋頭苦幹」的特區精神，為內地改革開放和社會主義現代化建設闖出了一條新路。彈指一揮間，深圳經濟特區已由一個昔日的邊陲小鎮發展為舉世矚目的創科中心、智慧之城、「中國矽谷」。

可見，是改革開放創造了深圳速度、中國奇跡。而對比魅力四射的深圳特區，只有一條深圳河之隔的香港近年卻遇上了發展瓶頸，再次走到十字路口上。因此當前急務，必須要盡快擺脫困局，重新再出發。當然，香港坐享特區「兩制」的制度優勢，與世界經濟體系高度接軌，只要將優勢轉化為發展的動力，就能奮起直追，尋求突破；而深圳的發展經驗，亦正好為香港提供借鑒。

事實上，港深在地域以至國家發展布局上一直唇齒相依，在往後不斷深化的國家改革開放大潮中，兩地仍會扮演着不可或缺的重要角色。誠如中聯辦主任駱惠寧所言，香港與深圳一河之隔，經濟特區建設40年，香港同胞是見證者也是參與者，是受益者也是貢獻者。兩地合作共贏、相互成就、共同發展，正是「一國兩制」優越性的生動體現。當前，推進粵港澳大灣區建設，豐富「一國兩制」事業發展新實踐，不僅是深圳經濟特區等內地城市的機遇，亦是香港不可錯失的重大歷史機遇。

探究深圳的成功，關鍵在於能抓住每一次機遇，這給香港以深刻的啟迪。但如何才能抓緊機會、謀求發展突破？駱惠寧主任給出了很好的答案：香港要想更好地打開發展空間、贏得未來優勢，在堅持「目光向外」、積極融入世界經濟的同時，更需堅持「目光向內」、抓緊機遇，努力搭上國家發展快車。具體上，他提出了三點建議：一是堅定認識，融入國家發展大局；二是匯集智慧，積極提出建議；三是積極行動，帶頭參與大灣區建設。當中最重要的是，機不可失時不再來，香港不能等、也等不起，不能讓「歷史性機遇」，成為「歷史性遺憾」。這可說是對香港市民的加油鼓勁，也是促香港社會的醒悟。

可以預見，作為中國發展兩個主力城市，港深之間優勢互補，加上大灣區這個前所未有的新機遇，兩地完全可以實現共同發展、共同進步，成為亞太地區最耀眼的「雙子星」。前瞻未來，林鄭月娥行政長官提出的「香港未來的經濟發展，應該更把握融入國家發展大局，把握國家發展帶給我們的可以改革的機遇」，實在說出了關鍵節點所在。香港全社會，尤其是年輕一代，只要好好把握粵港澳大灣區建設為香港創造的發展機會，積極融入國家發展大局，同時加緊與深圳的聯繫合作，比拼雙飛，在發揮優勢而不失競爭力的前提下，必可重整旗鼓，再譜新篇，再創輝煌。

把握「十四五」機遇 實現香港再次騰飛

刊登於香港《文匯報》2020年11月5日

十九屆五中全會審議通過了關於制定「十四五」規劃以及2035年遠景目標的建議。當中,強調要「堅持創新在我國現代化建設全局中的核心地位」、「把科技自立自強作為國家發展的戰略支撐」,並對推動創新發展、建設科技強國、發展現代產業體系作出了一系列重大部署。國家發展邁進一個新的階段,高度重視創新科技發展,這對港人來說實在是重大機遇。

對於香港在「十四五」期間的發展機遇問題,社會上有疑慮指,「十四五」規劃公報只提到「要保持香港、澳門長期繁榮穩定」,似乎着墨不多。但我們若仔細探究,內裏蘊藏的信息其實很豐富。據中央財經委員會辦公室常務副主任韓文秀在10月30日的新聞發布會上闡述,中央將進一步支持香港鞏固提升競爭優勢,建設國際創新中心,打造「一帶一路」功能平台,高質量建設粵港澳大灣區,完善便利港澳居民在內地發展的政策措施,支持港澳在世界各國各地區開展交流合作。他還指出,香港是世界上最自由的經濟體,香港經濟發展有良好的基礎、獨特的優勢,比如有大量高質素的專業人才,與世界經濟廣泛聯繫,只要全面準確貫徹「一國兩制」方針,加強港澳與內地交流合作,更好地融入國家發展大局,香港、澳門就一定能夠保持長期的繁榮穩定。這,不啻是給香港的定心丸、強心針,亦因而令我深信,在「十四五」規劃中,將會具體展現對港澳的大力支持。

事實上,中國是全世界經濟發展的核心引擎,國家全力推進創新發展,必然會為香港的發展提供更加美好的前景。回顧過去五年,香港在

鞏固和提升國際金融中心地位方面取得了一定成績，創新科技也有發展，連接內地與香港的大型基建更取得了重大進展。從具體方面看：「深港通」開通、「債券通」推行、《粵港澳大灣區發展規劃綱要》推出、港珠澳大橋建成、廣深港高鐵香港段通車、《港澳台居民居住證申領發放辦法》實施、港澳青年創業孵化基地陸續建設，等等，這些利好政策和設施的不斷出台，均為港澳發展帶來更多的機遇。

新形勢需要新擔當、呼喚新作為。當前香港應該抓住粵港澳大灣區建設的重大歷史機遇，以創新思維運用好自身優勢，在未來五年為國家發展貢獻應有的力量，在「一國兩制」的原則下，把握國家「十四五」規劃帶來的新機遇，鞏固及提升香港自身優勢，在發揮香港所長、貢獻國家所需的同時爭取發展新突破，實現經濟再次騰飛。

「十四五」規劃的推進落實，意味着一個新的發展格局正在形成。對於香港而言，不僅僅是創科界，整個香港社會，尤其是廣大香港年輕人，都要認識到香港能在新時代國家發展中扮演的重要角色。可以預見，未來五年國家規劃將為香港創造更多發展空間，讓香港在國家未來建設中發揮更大多用，同時為港青帶來更廣遠發展機遇。因此，香港必須以更積極的姿態融入國家發展大局、搭乘國家發展快車，也唯有如此，才有再次起飛、再創輝煌的希望！

重大機遇面前，我呼籲香港人改變觀念，放下身段，奮力搭上國家發展快車。我期望香港年輕人發揮自身能力，在善用國家提供的廣闊舞台的同時，亦要盡心履行貢獻國家的時代責任。我深信，保持香港、澳門長期繁榮穩定，實現祖國完全統一，是實現中華民族偉大復興的必然要求。兩岸和平統一，符合中華民族的普遍願望；而國家日益強大，也必然為香港、澳門長期繁榮穩定奠定堅實的基礎。

戰勝疫情恢復通關　重踏經濟復甦之路

刊登於香港《文匯報》2020 年 11 月 12 日

　　新冠肺炎疫情持續，香港經濟復甦無期，隨着「保就業」計劃月底完結後，在可預見的未來一兩個月內，整體失業率勢將飆升，越來越多行業陷入結業及裁員危機。為此，社會各界紛紛要求政府盡快推行健康碼及恢復通關，以支援本港旅遊、零售及其他各行各業，並推動經濟重煥生機，走出困境。

　　事實上，本港經濟民生活動與內地密不可分，雙向通關是讓市民生活恢復正常、經濟恢復生機的必要條件，也是當下香港社會的主流共識。而刺激香港經濟活動、拯救陷入水深火熱的各行業，一定要靠打通與內地往來；在內地疫情受控之下，開放更多內地旅客及公務、商務人士往來，對香港有百利而無一害。

　　特區政府早前已公布了多項新的防疫及通關措施，包括 11 月起讓居內地的港人回港豁免 14 天檢疫，設立四間長期運作的檢測中心，研究針對特定人士強制檢測的法律基礎，等等。率先讓居內地港人免強制檢疫回港，是依據疫情發展作出的科學決定，是為兩地全面恢復正常通關邁出的一小步，後續應盡快全面取消對內地來港旅客的強制檢疫措施，進而建立動態風險管理機制，爭取粵港澳三地政府有序全面放寬通關安排，為本港民生復常、經濟復甦創造條件。

　　本港與內地 2 月至今一直未能正常通關，隨着內地與本港疫情逐漸受控，市民有強烈呼聲要求放寬通關安排。現時擺在眼前的事實是，內地是全球率先控制住疫情的地區，除了山東青島、新疆喀什等

個別地方出現短暫的個案，並都能即時排除，內地絕大部分地區已經持續多個月沒有新增的本地個案，屬於極低風險地區。在這種情況下，本港對內地來港人士免除14天強制檢疫，風險極低。今次特區政府率先讓內地港人回港豁免強制檢疫，是判斷疫情發展情況後邁出的一步，希望下一步能擴大豁免範圍，通過三地「健康碼」互換、核酸檢測結果互認作為相互豁免入境強制檢疫的條件，逐步有序恢復與內地及澳門全面通關，振興本地經濟。

據了解，內地當局原本要求本港連續14日「零」本地個案，才可通關，惟本地個案仍未斷纜，按目前疫情走勢，要達到14日清零相當困難。有見及此，內地當局正考慮接受在未達「清零」情況下的做法，條件是本港持續14天的本地確診個案均在10宗以下，以及設有一套完善的系統追查各個確診個案的源頭，提升本地防疫能力，按此條件便可考慮通關。對上述要求和安排，個人深表贊同。因為自身業務需要，以及大灣區金融科技促進總會公務的關係，我需經常穿梭於粵港澳大灣區各城市，對港人的通關訴求感同身受，對兩地政府的考慮也體會理解，我深信香港只要用好「一國兩制」賦予的機制、實施最快最有效的方式，當可讓兩地民眾豁免或縮短強制檢疫時間，便利往來；若出入境人士能在內地嚴格遵守內地防疫制度，在港嚴格遵守特區防疫制度，早日通關將不難實現。

國家成功抗疫和經濟的快速復甦令人鼓舞，期望特區政府全力以赴，採取最嚴格的防疫舉措，盡早控制疫情，創造條件逐步開放通關，實現與內地的正常往來；更期望市民作出適切配合，繼續嚴守防疫控疫措施，做好切斷傳播鏈的本分，只在這樣，香港才能早日恢復與內地、澳門的通關，為本港重振經濟引入活水，踏上復甦之路。

人大決定為公職人員效忠定法律規範

刊登於香港《文匯報》2020年11月17日

人大常委會通過關於香港特區立法會議員資格問題的決定，這是人大常委會堅持和完善「一國兩制」制度體系，依法維護國家安全、維護香港憲制秩序的又一重要立法，決定合憲合法、必要適當。

首先，決定樹立了香港公職人員必須「真誠效忠」的示範。香港立法會議員是香港特區公職人員的重要組成部分，必須真誠擁護中華人民共和國香港基本法，效忠中華人民共和國香港特區。全國人大常委會這次決定，確立香港特區立法會議員因宣揚或者支持「港獨」主張、拒絕承認國家對香港擁有並行使主權、尋求外國或者境外勢力干預香港特別行政區事務，或者具有其他危害國家安全等行為，不符合擁護香港基本法、效忠中華人民共和國香港特區的法定要求和條件，一經依法認定，即時喪失立法會議員的資格。亦明確上述規定適用於在原定第七屆立法會選舉提名期間被依法取消參選資格的第六屆立法會議員，以及今後參選或出任立法會議員遇有上述情形的。

香港多位法律界人士均表示，決定合憲、合法、合理，符合憲政秩序及政治倫理，為規範和處理香港立法會議員的資格問題提供了堅實的法律基礎，具有不容挑戰的權威性。

全國人大常委會這項決定，完全符合包括香港同胞在內的全體中國人民的根本利益，有利於維護國家主權、安全和發展利益，有利於香港長治久安和繁榮發展，有利於香港管治機構的正常運轉，保持香港社會穩定，有利於香港凝聚正能量、齊心協力提振經濟、

改善民生。

　　香港要全面準確實施基本法、香港國安法和全國人大常委會的解釋、決定，推進特別行政區本地立法，落實特別行政區維護國家安全的法律制度和執行機制，確保所有香港公職人員都符合「真誠效忠」的法定條件和要求，維護憲法和基本法確定的特別行政區憲制秩序，確保「一國兩制」實踐行穩致遠。

香港沒有「三權分立」

刊登於香港《文匯報》2020年11月26日

早前，香港社會為香港政治體制到底是行政主導還是「三權分立」而爭論不休，十三屆全國人大常委會於11月11日審議並通過關於香港特別行政區立法會議員資格問題的決定，可說為爭論給出了終極答案。香港特區政府在「決定」通過後立即依法宣布楊岳橋、郭榮鏗、郭家麒、梁繼昌四人即時喪失立法會議員資格。這不僅令立法會議員的個人言行起到規範警醒的作用，對香港政治體制亦影響深遠，它確認了行政長官早前指香港基本法確立的政治體制，是行政主導而非「三權分立」的說法，而正本清源、撥亂反正，亦正當其時、勢在必行。

事實上，基本法列明香港是直轄於中央的一個特別行政區，特首並非只是行政機關首長，也要向中央人民政府負責，香港享有的權力是中央授權的。由此說明，香港特別行政區的政治體制是在中央政府直轄之下，實行以行政長官為核心的行政主導、行政與立法既相互制衡又互相配合、司法獨立的政治體制，也就是說，「三權」是各司其職，可以互相配合、互相制衡，但最終三個機關都是通過行政長官向中央政府負責。

香港回歸前，從未實行所謂的「三權分立」。 回歸後，基本法為香港量身定做的政治體制，也不是「三權分立」。反對派素以「三權分立」旗號誤導市民，以阻撓特區政府施政，架空行政長官權力，進而否定中央對香港的管治權。政治制度關係根本容不得半點含糊，大是大非明擺在眼前，更容不得歪理謬論橫行。

因此，大家必須認識清楚，香港回歸前後都是行政主導，「三

權」須在「一國兩制」和高度自治的基礎上運行，且一定涉及中央與地方的關係，例如基本法規定如果牽涉重大行政決定，中央有最終話語權。香港實行「一國兩制」，在「一國」全面管轄容許下，有一個高度自治制度，但高度自治不等於全面自治，全國人大常委會有法律最終解釋權，可將違反基本法的法律發還立法會重議，而香港高等法院上訴庭在有關反對派成員梁頌恆的宣誓司法覆核案中，就曾清楚指出，「三權可以互相制衡，而不是英國式的三權分立」。

更重要的一點是，中央只核心委任首長，就是認定她是主管者，她才是主管治理香港、帶領香港特區政府為香港市民服務。中央只委任香港特區政府依法履行職責，其他部門人員，包括法官和立法會議員都是由香港特區政府支薪授任的，他們需按特區政府管轄範圍之內，公正辦理她們的角色。可見在司法及行政上，特首有主導角色，而司法及行政系統是由特首先行，毋庸置疑。

過去多年，有關香港的政治體制，有人在刻意誤導，長期在社會上製造誤解，終至去年演變為「港獨」、「自決」等激進行為，「一國兩制」受到嚴重衝擊。隨着中央果斷出手，先是推出香港國安法，繼而通過關於香港立法會議員資格問題的決定，香港社會才得以漸回正軌，重拾安寧。而是次「決定」由行政長官主動提起而啟動，其釋放出的強烈信號是，行政長官依據香港基本法所享有的代表香港特別行政區、領導香港特別行政區政府，以及執行香港基本法和其他法律等廣泛的權力，得到了一定程度的激活。我們相信，通過「決定」，將有助香港特區行政、立法、司法三權配合的進一步明確，對於全面落實和進一步完善以行政長官為核心的行政主導體制，也將會更加深入人心，我們堅信香港政壇將會一路風清氣正。

落實強制全民檢測　讓香港早日復常

刊登於香港《文匯報》2020年11月28日

近日香港新冠疫情趨嚴重，持續多日出現逾80宗以上確診個案，不少屬社區無源頭確診個案。中國工程院院士鍾南山昨表示，現在香港當務之急是要做全民檢測，並呼籲香港民眾這麼做。在此，強烈促請特區政府要痛下決心，盡快推行強制性全民檢測，同時要更嚴格管控輸入個案。

香港要走出疫情的困境，希望盡快進行較大規模社區檢測，並能定出時間表和具體措施。香港恢復常態，才能確保經濟發展，但疫情的持續反覆和不斷惡化，只會令一切宏圖變成遠期計劃，無法盡快施行，有礙政策施行和重建疫後經濟的步伐。

特區政府應借鑒內地成功抗疫經驗，盡快制定有效計劃，下決心進行強制性全民檢測，盡快完全截斷輸入和隱形傳播鏈。只有全民檢測，才能找出隱形患者，才能達到「清零」，才能更有效截斷病毒傳播鏈。另強烈希望特區政府立即加強對輸入個案管控的力度，包括收緊豁免政策，並嚴格要求入境人士必須安裝「安心出行」手機程式，以便進行防疫追蹤。

持續近一年的反覆疫情已令香港市民感到十分疲憊，「張弛有度」策略令防控政策不斷轉變，市民和商界均無所適從，變相拖延或阻礙了經濟民生盡快恢復正常的速度。

在此亦希望，全體香港市民主動積極去做核酸檢測，全力配合特區政府的舉措，團結一致共克時艱，明確理念，這是為了自己的健

康，也是為了他人的健康。

最後再次強烈希望特區政府能聆聽社會的訴求，盡快實施更嚴格的抗疫防控措施，更有效地保障市民的健康。香港疫情要控制，全民檢測是根本。

感謝中央支持　香港充滿希望

刊登於香港《文匯報》2020年12月3日

　　新一輪施政報告日前出爐，現已平穩落地。細閱內容，今次的施政報告不僅從香港的迫切需求出發，推出大力措施解決好當前的經濟民生問題，更明確了積極參與國內國際雙循環，更好融入國家發展大局的目標和方向，並為此作出部署，充分體現了中央對香港在政治、經濟、民生方方面面的全力支持，推動香港各項事業向前發展。從中可見，香港在全面準確貫徹「一國兩制」「港人治港」、高度自治方針的前提下，將更全面地發揮「國家所需、香港所長」，更好地融入國家發展大局，聚焦大灣區合作，解決長期困擾香港的經濟民生問題，系列政策將為香港帶來機遇和希望。

　　早前行政長官赴京獲國務院副總理韓正的會見，其間，韓正明確指出「三個有利」：凡是有利於保持香港長期繁榮穩定、有利於增進香港同胞切身福祉、有利於促進內地與香港融合發展的事情，中央都會全力支持。事實證明，中央言出必行，千方百計給予香港發展的支持，而相關措施也成為了今年施政報告的最大亮點。

　　事實上，施政報告詳細涵列了中央支持香港的挺港政策，當中包括：支持深化兩地金融互聯互通、支持鞏固香港國際金融中心、強化香港國際航空樞紐、支持建設深港國際創科中心、助港企開拓內地市場，支持優化口岸發展以及支持全力防疫抗疫等。每一項都符合香港發展的需要，完全體現了中央對香港的關懷和支援，以及為香港發展注入新動力的決心。在諸多具針對性的挺港利港政策當前，我們感謝中央支持的同時，更呼籲各界凝聚共識，齊心合力用好中央為香港提

供的機遇，相信香港必能比預期更快走出當前困境，重煥昔日生機。

更值得讚賞的是，今年的施政報告有別於過往局限於香港自身的內部發展，對於一些重大的政治體制以及政治問題，今次用了一整章強調香港的責任與義務所在，除了回顧黑暴以來的嚴峻形勢，更是對「行政長官的使命」、香港國安法等核心問題作了系統的表述，強調行政長官堅定地擔當「一國兩制」的執行者和基本法的維護者，彰顯特區奉行的是以行政長官為核心、直接向中央人民政府負責的行政主導體制，當前其中一項急切要做的事是對特區憲制秩序和政治體制正本清源，撥亂反正，以及對落實完善公職人員宣誓制度、強化法治社會、選舉制度安排等事項。這一系列政策，都緊緊圍繞着「維護憲制秩序」的中心任務而展開，既有制度建設，也有政策完善以及具體問題的化解等。行政長官對此重點着墨，其力度之大，影響之深，將有助提振港人對政府日後施政治理的信心，可謂意義重大。

有中央的大力支持，有特區政府的全力施政，可以預期香港一定可以重新出發，開創新局面。當然，香港要推動各項事業向前發展，就要全面準確貫徹「一國兩制」方針，更要堅定維護憲法及基本法所確立的憲制秩序、維護國家主權和安全。中央的支持是一方面，關鍵還要靠香港本身的努力，相信以行政長官為首的特區政府將全力施政，在政治體制上正本清源，在經濟與民生改善方面多元並舉，必定能帶領香港克服種種挑戰，團結港人，走出困境，一同重拾雨後彩虹的信心和希望！

香港發展金融科技大有可為

刊登於香港《文匯報》2020年12月11日

　　從香港特別行政區政府投資推廣署主辦的第一屆至今年的第五屆「香港金融科技周」開辦以來，可以說已成為全球規模最大的金融科技盛會之一，並吸引着全世界的目光。今年舉辦的金融科技周特別採取線上交流對接模式，給來自不同國家和地區的監管機構、創新者、投融資者匯聚在網絡平台，共同探討金融科技的未來趨勢、金融行業的增長機遇等議題。與會者認為，香港金融科技發展蒸蒸日上，隨着特區政府進一步推出系列支持舉措，從以下亦可看到，未來香港在金融科技方面將大有可為。

　　一是保持強勁發展勢頭。近年來，香港金融科技取得了多項里程碑式進展，例如，推出「轉數快」快速支付系統、發放虛擬銀行牌照、落實銀行業開放應用程式界面、構建貿易融資聯動平台等。香港是先行嘗試建立虛擬銀行的市場之一，將為用戶提供更多選擇、改善用戶體驗並降低金融機構成本。

　　在香港金融科技界的支持下，人工智能、區塊鏈、數字貨幣等新興技術獲得越來越廣泛的應用。調查顯示，香港近90%的銀行已採用或計劃採用金融科技業務，而這一發展趨勢得到中國人民銀行肯定。另悉中國人民銀行未來將進一步探討數字貨幣的法律框架和貨幣穩定性。

　　二是服務更多中小企業。據香港特區政府的數據顯示，目前香港擁有超過600家金融科技初創企業，其中8家為「獨角獸」企業，

在今年前7個月中，多家金融科技初創企業的合計集資規模超過500萬美元。在今年香港金融科技周上，香港金融管理局又公布了一連串計劃，開拓有利推動金融科技的生態系統，以支持各類企業，尤其是中小企業的發展。香港金管局正研究建立名為「商業數據通」的全新金融基建，令銀行體系能更有效發揮金融中介作用，提升香港的普及金融。

三是鞏固金融中心地位。香港特區政府在發展金融科技方面，願扮演促成者和推廣者的角色，特區政府去年在香港與金融科技相關的資助金額達3.74億美元，較前年增長近一倍。當中，特區政府為中小企業提供的「BUD專項基金」及「中小企業市場推廣基金」之前批出金額達20億港元，未來會持續簡化申請流程，或加碼及放寬申請限制。

當前香港金融科技發展蒸蒸日上，一方面增強了香港的活力，另一方面也形成了香港作為國家金融科技市場門戶的戰略優勢，有助於鞏固香港國際金融中心地位。香港政府下轄的金融科技專責小組未來會繼續加強對外推廣，為內地和海外金融科技公司在香港擴展提供一站式服務。發展金融科技，香港大有作為，業界要充滿信心，加倍努力！

強烈譴責美國干涉中國內政霸凌行徑

刊登於香港《文匯報》2020年12月17日

　　近一段時間，美國一而再、再而三地干涉中國內政，連番作出野蠻的霸凌行徑，當中包括美國國務院就全國人大常委會通過香港國安法和作出關於香港特區立法會議員資格問題決定，對14位全國人大副委員長實施所謂「制裁」，以及美眾議院通過所謂「香港人民自由與選擇法案」。這些拙劣的政治表演，不僅令香港各界十分憤怒，亦令更多香港市民看清美方政客虛偽、醜陋的嘴臉。對美方種種政治霸凌，我於此予以強烈譴責！深信美方製造的鬧劇，是無法破壞香港的繁榮穩定的。

　　必須嚴正指出，美國政府因反對我國全國人民代表大會常務委員會通過香港國安法和作出關於香港特別行政區立法會議員資格問題決定採取所謂「制裁」，嚴重違反國際法和國際關係基本準則；而所謂「香港人民自由與選擇法案」，是為涉嫌違法犯罪的反中亂港分子提供「避難所」，嚴重破壞國際公認的法治精神。這些劣行的實施，說穿了均是以人權或民主為幌子以達到地緣政治目的，在理據上完全站不住腳。

　　眾所周知，全國人民代表大會乃最高國家權力機關，而全國人大常委會是其常設機關。全國人民代表大會和全國人大常委會有憲制權力和責任制定全國性法律並根據基本法在港推行，以及監察基本法實施。全國人大常委會也有權解釋基本法和處理基本法在實施過程中遇到的憲制性問題。國家安全對每一個國家都至為重要，不論是單一體制或是聯邦體制國家，國家安全事務均屬於中央事權，國家安全的執法工作亦屬中央管轄範圍。

香港是中國的特別行政區，中國政府通過立法，維護自己一個地方行政區的國家安全，堵塞有關法律漏洞，既符合主權原則，也是國際通行慣例。全國人大常委會根據憲法、香港基本法和有關國際通例，建立健全香港特區維護國家安全的法律制度和執行機制，合理合法，不容置疑。美國對中國維護國家安全和香港特別行政區憲制秩序的正當之舉橫加指責、肆意詆譭、蠻橫打壓，是赤裸裸的霸權行徑和強盜邏輯。事實再次證明，美方是香港「一國兩制」實踐的最大干擾者、破壞者。

確保國家安全以及公職人員的政治忠誠是國際慣例和通行要求。香港作為中華人民共和國不可分割的一部分，愛國者治港是特區從政者應有的政治倫理，沒有一個國家會對包括議員在內的公職人員顛覆政權、背叛國家的行徑視而不見。

美國近年越來越明目張膽地干預香港事務，包括以人權、民主和自治為藉口通過一系列法律、發出行政命令，以及對港府官員實施「制裁」，凡此種種霸凌行徑不斷，其橫蠻無理，已經到了歇斯底里的地步。但要知道，恐嚇和威脅嚇不倒中國人民，我們合力維護國家主權安全發展利益的決心堅如磐石，對於美國政府的行徑，我們在感到憤慨並予以強烈譴責的同時，亦敦促美國政府立即停止干涉中國內政。此等妄圖搞亂香港、破壞「一國兩制」的霸凌行徑、「制裁」鬧劇，最終只會徒勞而回。事實上，香港國安法實施以來，社會秩序已日漸恢復。我在此呼籲廣大市民認清美方的險惡用心，沉着應對，共同推動「一國兩制」行穩致遠。

2021相信香港再創輝煌

刊登於香港《文匯報》2021年1月7日

新冠疫情肆虐下，紛紛擾擾的2020年終於過去，盛載着希望與期許的2021年緊接而來。新年伊始，我祝願香港社會重拾秩序、香港經濟重煥生機、香港民生重回正軌，更期望香港市民同心同德拒暴抗疫，合力擦亮我們的東方之珠，讓美麗的香港重新出發！

2020年，面對社會暴亂的持續不息、新冠肺炎疫情的不斷惡化，維護國家安全、維護穩定繁榮已成為香港政治的最大課題。前年6月以來，香港市民對「黑暴」深感厭煩痛恨，深知不止暴制亂、恢復社會安定，香港經濟衰退勢必惡化。幸而在中央出手下，持續逾一年的「黑暴」終於被香港國安法所遏止。但緊接下來，新冠肺炎肆虐進一步摧殘香港本已衰退的經濟。至今，疫情差不多已折磨了全體香港市民一年，卻仍看不到隧道盡頭的光亮。揮別2020，迎來2021，人們高度關注的是，特區政府如何帶領香港社會各界降伏新冠病毒。

在疫情第四波中掙扎，香港新一年的首要任務，是政府、市民同心抗疫，誓做到「清零」。在政府層面，除要做好現有的防控措施外，還必須改變抗疫思維，果斷全面借鑒內地經驗，以大規模檢測找出隱形患者，截斷傳播鏈，再輔以健康碼管理模式，真正落實「外防輸入，內防傳播」。而隨着新冠疫苗的到港，政府一方面要安排好全港市民免費接種的工作，另方面應主動出擊，向市民詳細講解疫苗的種類、安全性等資訊，以解市民的疑慮，同時更能避免接種疫苗計劃遭人抹黑。在市民層面，大家務須放下成見，全面配合好政府推行的病毒檢測、疫苗接種、社交距離等工作。相信在中央的全力支持下，

特區政府與全港市民同心抗疫,香港「清零」、社會疫後回復正常運作、經濟重煥生機,將指日可待。

無可置疑的是,協助抗擊疫情、遏止暴亂以外,在重振經濟的路上,國家同樣是香港的最強支持力量和後盾。但打鐵還須自身硬,香港要重振經濟,必須發揮好「一國兩制」優勢,緊貼國家發展大局,充分利用背靠祖國優勢,融入國家「雙循環」經濟發展戰略,做好自身在粵港澳大灣區扮演的角色,以國家所需、香港所長,在金融、創科、專業服務等領域再創佳績,為未來創造更廣闊的發展空間。

隨着疫苗投入市場,香港走出疫情陰霾,經濟重回正軌已漸見曙光,但要重回昔日光境,政府還得想方設法發展經濟,解決民生問題。當前,政府鼓勵港人尤其年輕一代抓緊粵港澳大灣區機遇,推動港青到區內城市創業就業,藉此為本地青年提供更多向上流動的空間和機會,就是很好的做法。計劃有助於港青通過親身實踐,真正了解大灣區其他城市乃至國家的發展,從而走出泛政治化的漩渦,也能夠真正體會到自身的價值,實現個人抱負。

長遠來說,香港未來的繁榮穩定、「一國兩制」的行穩致遠,還取決於香港青年能否回歸理性,從極端化的政治言論行為,回到正常健康的學習活動。要讓學生重踏光明大道,首先要正本清源,讓香港的國情教育有國家視角、有歷史情懷,更要有正確的史實闡釋。其次,要注重中華文化教育普及活動的開展,使優秀的中華傳統文化成為香港青少年健康成長的精神源泉。更重要的是,社會各界要全力支持及推動學界改善課程和推展價值觀教育的工作,讓學生了解國家與香港的緊密關係和未來的發展機遇,了解憲法、基本法和國家安全等重要理念,致力讓我們的下一代成為對社會有承擔,具國家觀念、香

港情懷和國際視野新一代。

2021 相信香港！國家始終對香港不離不棄，為香港制定香港國安法、不惜代價支持香港的抗疫工作，充分展示了中央對特區事務的高度重視和對香港市民的熱切關懷。展望新一年，相信只要大家團結齊心抗擊疫情、致力清零，並同心協力改善民生，重振經濟，香港一定能克難而上，再創輝煌！

加快精準施策 齊心抗疫清零

刊登於香港《文匯報》2021年1月15日

　　第四波疫情沒有根本好轉。重點是不明源頭個案仍佔本地病例的三成，反映社區的隱形傳播鏈一直未能截斷。特區政府應在多個方面進一步加強精準施策，尤其在追蹤工作上，做好上游源頭把關及圍堵工作，迅速切斷病毒傳播鏈，包括行動要更快捷果斷，全體市民要更自律配合，減少聚集，減少出街，決不鬆懈，切實主動做好各種防範措施，同時汲取內地抗疫經驗並派員取經，甚至應效法內地強制使用「健康碼」以方便追蹤，才有望盡快「清零」。

　　首先特區政府行動必須更快捷更果斷，要續推有效措施，嚴格保持社交距離，特別要做好入境者檢測及酒店隔離，杜絕將病毒帶入社區。政府亦要隨時根據疫情變化，做出精準有效決策，防止疫情惡化。不管哪個階層人士不願透露行蹤，政府必追究處理，追蹤工作不得鬆懈。

　　其次要充分發揮在啟德社區會堂設立的個案追蹤辦公室作用，借助紀律部隊經驗，加強追蹤確診者的密切接觸者，提升追蹤效率。相信紀律部隊人員加入，對進一步追蹤密切接觸者的工作有很大幫助，除有更充裕人手展開追蹤工作外，紀律部隊人員擁有的經驗和盤問技巧，應更有方法查探確診者及其密切接觸者的行蹤，令追蹤工作事半功倍。

　　特區政府更應汲取內地抗疫經驗，可效法內地強制使用「健康碼」，市民需要進入居住小區、辦公地點、公共場所、交通工具等之

前，均必須出示「健康碼」，確認「健康碼」為綠色時方可進入，可以確保進出區域者均沒有受到感染。

內地抗疫成功的關鍵因素之一，在於能在短時間大量動員追蹤，不用長期「追落後」。政府可派中層及指揮人員到內地視察，參考追蹤的工作流程，有助在港貼地實行。

臨近春節，政府更要做好商場人流控制，限制大型人群聚集活動，盡快推出切實可行方案。希望政府加快精準施策，全港市民同心抗疫，有望實現「清零」。

內地疫苗安全有效 倡導市民積極接種

刊登於香港《文匯報》2021年1月18日

中國新冠病毒疫苗上市，為全球戰勝疫情注入強大信心，也為疫苗成為全球公共產品提供有力支撐。

一般情況下，疫苗評估上市需要保護率大於70%。但此次新冠疫情形勢嚴峻，全球死亡人數已突破200萬，世界衛生組織認為50%以上的保護率就可以接受。國藥集團中國生物新冠滅活疫苗近80%的保護率，意味着疫苗接種者感染新冠病毒的風險比未接種者小80%。

國藥集團中國生物董事長楊曉明近日介紹，目前他們已為涉及感染新冠風險較高的部分行業超過100萬人提供了緊急接種，無一人出現嚴重不良反應，通過平行對照數據，接種者中前往海外高風險國家和地區的數萬人中無一人感染，「充分證明了疫苗的安全性和有效性」。

2020年12月9日、13日，阿聯酋和巴林兩個國家分別按照世衛組織相關的技術標準，審核批准了國藥集團中國生物新冠滅活疫苗註冊上市。

不少人關心新冠滅活疫苗保護期限有多長。對此，楊曉明表示，從科學角度而言，現在談疫苗保護期限為時尚早，國藥集團中國生物最早的一批志願者在2020年3月接種的疫苗，距今已經10個月，跟蹤隨訪檢測顯示抗體數據依然良好。

國藥集團中國生物總裁吳永林介紹，根據新冠滅活疫苗Ⅰ、Ⅱ期研究的數據，接種後6個月以上，抗體仍然能夠維持在較高水平上，當然「因為新冠疫苗是一種創新性疫苗，其免疫的持久性和保護效果還需要更長時間的持續觀察」。

建議香港疫苗接種採取相應策略，首先啟動重點人群接種，包括口岸檢疫、生鮮市場、公共交通、服務行業、醫療疾控等感染風險比較高的人員。當前海外疫情還比較嚴重，要做好外防輸入的工作，需要首先保護好這部分高感染風險的人群。其次為高危人群接種，即一旦感染病毒以後，容易發生重症，甚至容易導致病亡的人群，比如老人、有慢性基礎疾病和糖尿病等人群。其三，對其他普通人群進行接種。

傳染病的消滅，最終還是要靠疫苗。所以香港要通過新冠疫苗的接種，來建立一個全人群的免疫屏障，最終控制疫情。一般認為，接種率達到60％甚至70％，才能建立對全民的保護。鑒於中國已經批准的這些疫苗安全性良好，有效性也有了很好的證據，所以必須倡導市民，堅信國產新冠疫苗是安全有效的，在知情同意和排除禁忌症的前提下積極參加疫苗接種，這樣做既是保護自己、保護家人、保護他人，也是在為全球的疫情防控作出貢獻。

當前全球疫情形勢依然嚴峻，有了疫苗仍需繃緊疫情防控這根弦，今冬明春疫情防控形勢依然嚴峻複雜，任務艱巨繁重。春節即將到來，海外回國人員增多，市內人員流動性增大，進口冷鏈食品和貨物物流增加，將進一步加大疫情傳播風險，「外防輸入、內防反彈」壓力依然巨大。

隨着香港第四波疫情的反覆，社區患者數量增加，有序加快推進重點人群新冠疫苗緊急接種工作是事在必行。雖然可以肯定疫苗是安全有效的，但是世界上沒有任何一個疫苗的保護率可以達到100％。在當前群體免疫還沒有建立起來的情況下，即使打了疫苗，也要做好防護，包括戴口罩、勤洗手、保持社交距離等，要長期堅持，形成習慣。特區政府和全體市民一定要時刻緊繃這根弦，多措並舉，共同發力。

西方政客雙標彰顯美式民主虛偽

刊登於香港《文匯報》2021年1月21日

美國選戰鬧劇不絕，近期特朗普不斷煽動支持者，使大批支持者闖入國會大樓企圖推翻大選結果，觸發警民衝突致多人死傷，不少歐美傳媒報道事件時很快就將之定性為「暴亂」，並將特朗普支持者稱為「暴民」、「暴徒」，並紛紛譴責他們使用「暴力」，多個歐美國家領導人亦批評這些支持者的暴力行徑，形容令人不安和震驚。是次歐美傳媒和領導人面對事件的反應，與他們在過去兩年，不斷將香港黑暴分子稱為「示威者」、暴力衝擊稱為「和平示威」的立場，明顯表現出「雙重標準」，更將美式民主的虛偽表露無遺。

事實上，目睹與港如出一轍的衝擊美國會暴亂場面，難免令人感到不安，但又不禁回想起香港過去被黑暴踐踏，美國政府一直對暴力場面視而不見，不斷在幕後煽動香港的黑暴勢力，並將其美化，肆無忌憚為反對派撐腰，令暴徒變得有恃無恐，使前年和去年香港的暴亂愈演愈烈，更甚的是顛倒黑白，將意圖顛覆特區政府的行徑說成是「追求民主」，美國國會眾議院議長佩洛西更稱之為「一道美麗的風景線」。美國政府又在2019年通過《香港人權與民主法案》，聲稱會制裁「負責侵犯香港人權的中國及香港官員」，而一撮西方政客亦為虎作倀，發表所謂聯合聲明，就香港警方依法拘捕反中亂港分子說三道四，污衊抹黑香港國安法。

如今，曾經大言不慚的佩洛西氣急敗壞地指罵抗議者的行為「褻瀆民主」，並斥責警方高層「制暴不力」，曾雲淡風輕地稱在香港發生的暴力事件是「適當的」美國前國務卿蓬佩奧，此次卻在社交平台上嚴厲

譴責衝進美國國會的行為「無法接受」，還煞有介事地呼籲「盡快將暴亂分子繩之以法」。同樣的「一道美麗的風景線」出現在美國的城市，暴徒就會被警察重型武器、特朗普口中「最可怕的武器」驅散和拘捕，但黑暴在香港出現被非常克制的警方依法處理，就成為了美國政客眼中的「警察濫權」、「侵犯香港人權」的事件。這不但令香港市民清楚認識到美國政客的虛偽及雙重標準，更重要的是任何一個有常識的人都意識到美國意圖利用香港對中國內地進行圍堵打擊的險惡用心。

為什麼同樣的抗議者在美國就被稱之為「暴徒」，在香港就是「民主英雄」、「鬥士」？為什麼當權者合情合理合法的執法，在美國就是「捍衛民主自由」，在香港就成了「壓制民主自由」？為什麼美方對香港警察克制文明執法橫加指責，卻對國內示威者開槍射擊，甚至動用國民警衛軍？這背後反映出的問題實值得大家，尤其是部分慣性崇洋的港人，深思和警惕。

當然，上述種種荒誕言行，說穿了還是霸權主義作祟。這些西方政客認為自己對民主有主導權和定義權，其實質是以民主話語權來維護自身霸權和既得利益。他們將香港發生的違法暴力行為說成是「民主的要素」、「亮麗風景線」，其目的就是想要爭奪香港的控制權，把香港變成「反共堡壘」，進而遏制中國發展。

今天，隨着香港國安法實施後香港社會開始由亂入治，反觀靠霸權取得話語權、用口術裝點「民主」的美國，已產生回火效應反噬自身而變得岌岌可危。但西方列強爭霸世界的野心從未停歇，遏制中國發展的險惡用心一再赤裸裸擺在眼前，在此必須一再奉勸大家擦亮眼睛澄明心思，無論何時都應合力為我們自己的國家安全、為我們的民族復興，築起最堅固的防線！

「愛國者治港」天經地義

刊登於香港《文匯報》2021年2月3日

習主席近日聽取特首林鄭月娥2020年度述職報告時，作出重要論斷：「香港由亂及治的重大轉折，再次昭示了一個深刻道理，那就是要確保『一國兩制』實踐行穩致遠，必須始終堅持『愛國者治港』。」

習主席的這一重要論斷指出了香港問題的核心所在。無論非法「佔中」還是「修例風波」，香港這些亂象的頻發，其根源在於反中亂港分子勾結外部勢力，通過煽惑暴亂、操縱選舉等手段，破壞特區憲制秩序，妄圖將香港變成一個脫離中央全面管治、外部勢力藉以牽制中國的棋子。香港矛盾的實質是政治較量，因此，要確保「一國兩制」行穩致遠、保持香港繁榮穩定和長治久安，關鍵就在於堅持「愛國者治港」，讓反中亂港者徹底出局。

香港是中國的香港，要求「治港者」必須是「愛國者」，天經地義。讓不認同國家、蓄意與中央對抗甚至意圖顛覆國家政權、勾結外部勢力危害國家安全的人來管治香港，既不符合「一國兩制」初心和「港人治港」的標準，也與香港的利益福祉背道而馳。

香港國安法的推出，讓香港局勢迎來由亂向治的分水嶺。特區政府依照全國人大常委會有關決定將反中亂港者驅離立法會，推行特區政府公務員宣誓效忠，是落實「愛國者治港」的良好開端。香港輿論期待特區政府今後繼續推出切實措施，確保立法、行政、司法領域的管治隊伍嚴格落實「愛國者治港」。中央此時強調「愛國者治港」，有很強的現實針對性。

對於有人擔心「愛國者治港」將讓香港失去反對的聲音，這是一種誤解。「愛國者治港」並非否定反對派存在，但反對派必須在憲法和基本法框架下運作，不能損害國家利益及安全，不能為反對而反對。反對派要謹守「一國」底線，認清「兩制」邊界，底線守得越牢，政治包容空間就越大，從國家利益和香港利益出發所提的反對意見，同樣是建設力量。

堅定落實「愛國者治港」，就抓住了解決香港問題的關鍵。只有做到「愛國者治港」，中央對香港的全面管治權才能得到有效落實，憲法和基本法確立的憲制秩序才能得到有效維護，各種深層次問題才能得到有效解決，香港才能實現長治久安、繼續繁榮，才能為實現中華民族偉大復興作出應有的貢獻。愛國愛港是事關國家主權、安全、發展利益的大是大非問題，「愛國者治港」理所應當、天經地義。